RECHERCHES SUR LA MORT

DU

COMTE DE CHAMBORD

ERREUR DE DIAGNOSTIC

LA VÉRITÉ SUR SA MALADIE

PAR

LE Docteur RÉZARD DE WOUVES

MÉDAILLE D'HONNEUR
RÉCOMPENSE POUR BELLES ACTIONS
CHEVALIER DE LA LÉGION D'HONNEUR

PARIS

E. DENTU, ÉDITEUR

PALAIS-ROYAL, 15, 17, 19, GALERIE D'ORLÉANS

ET

Chez L'AUTEUR, 31, rue Mosnier

1884

RECHERCHES SUR LA MORT

DU

COMTE DE CHAMBORD

ERREUR DE DIAGNOSTIC

LA VÉRITÉ SUR SA MALADIE

PAR

LE Docteur RÉZARD DE WOUVES

MÉDAILLE D'HONNEUR
RÉCOMPENSE POUR BELLES ACTIONS
CHEVALIER DE LA LÉGION D'HONNEUR

PARIS

E. DENTU, ÉDITEUR

PALAIS-ROYAL, 15, 17, 19, GALERIE D'ORLÉANS

ET

Chez L'AUTEUR, 31, rue Mosnier

1884

DIVISION DES MATIÈRES

RECHERCHES SUR LA MORT

DU

COMTE DE CHAMBORD

ERREUR DE DIAGNOSTIC

LA VÉRITÉ SUR SA MALADIE

Il existe une grande obscurité sur la cause de la mort du comte de Chambord. Les uns l'attribuent à une maladie: « Cancer de l'estomac », les autres à un « empoisonnement ».

Cette obscurité est encore augmentée par la relation que M. le professeur Vulpian a faite de la maladie, attendu qu'elle laisse libre carrière à toutes les suppositions, en ne désignant pas la cause qui l'a produite et déclarant que « c'est un fait extrême-ment rare et très intéressant ».

Il convient donc de rechercher et d'établir, tant pour la science, que pour l'histoire, la vérité sur cette mort.

Je déclare que ces deux opinions et la déclaration de M. le professeur Vulpian, sont fausses, comme je vais le démontrer par l'analyse de sa relation et, m'appuyant sur les symptômes qui ont servi aux médecins Autrichiens, ainsi qu'à lui, pour établir leur diagnostic, — qu'ils ont reconnu plus tard, par l'autopsie, être complètement faux — je prouverai par ces mêmes symptômes, par des faits et avec l'appui et l'autorité des auteurs, la vérité sur cette maladie, qui « n'est ni rare, ni très intéressante ».

L'opinion que j'émets a d'autant plus de valeur, qu'elle est impartiale, attendu que je l'ai formulée, par deux fois, d'une manière authentique dès la nouvelle de la maladie et avant la mort du comte de Chambord, comme j'en fournis les preuves irrécusables. que l'on trouvera plus loin.

Que cette opinion qui était basée sur des observations, que je rapporte à l'appui, s'est trouvée confirmée, non seulement par l'autopsie, mais encore par la déclaration et l'aveu de M. le professeur Vulpian, reconnaissant lui-même l'erreur de leur diagnostic.

DU CANCER DE L'ESTOMAC

Je ne m'occuperai que de cette cause, l'autre — empoisonnement — étant absurde, n'aura pas besoin d'être réfutée, dès l'instant que je prouverai les causes de la maladie qui a occasionné la mort.

Mais il convient auparavant de poser une question au corps médical, attendu qu'elle est forcée et qu'elle s'impose par la publicité et la gravité que lui donne la déclaration de M. Vulpian, par sa triple autorité de membre de l'Institut, professeur de l'École de médecine et médecin d'hôpital.

Voici cette question :

Dans l'état actuel de la Science médicale, peut-on démontrer qu'il existe une maladie, dite « cancer de l'estomac ? »

Si elle existe, je déclare que la médecine n'en connaît pas alors les symptômes et qu'elle est encore à les indiquer, attendu que les professeurs, réputés les plus célèbres des écoles autrichienne et française, ne les connaissent nullement, comme je vais le démontrer par les preuves — *qu'ils me fournissent eux-mêmes* — et par elles, je prouverai que cette maladie n'existe pas, ou que, si elle existe, les symptômes n'en sont pas connus, même des professeurs.

Le lecteur va pouvoir en juger par ce travail.

Dans la relation faite par M. le professeur Vulpian, de la maladie *de M. le comte de Chambord*, qu'il a lue à l'Académie des Sciences le 13 septembre 1883 (1), il parle de tout et cherche, par tous les considérants possibles, à expliquer et disculper le diagnostic faux et erroné porté par les médecins autrichiens et confirmé par lui, sur la nature de cette maladie, qui a entraîné la mort, et il termine ce long mémoire par cette déclaration :

« Il s'agit donc là, en définitive, *d'un fait extrêmement rare, et » si je ne me trompe, très intéressant.* »

Il a raison et je partage son avis.

« *Le fait est extrêmement rare* », attendu qu'il n'existe, non seulement pas dans la science, mais dans l'histoire, un fait pareil à celui-ci : « Le descendant des rois de France, soigné par les célébrités de la science médicale de l'Autriche et de la France, et mourant d'une maladie qui, par eux, a été parfaitement reconnue et circonscrite par la palpation, de son vivant, et qu'après la mort, ils ont constaté ne pas exister et mieux n'avoir jamais pu exister ! »

C'est *un fait extrêmement rare* et qui n'est « très intéressant », que parce qu'il s'agit de la qualité du malade et de sa haute position, car sans cela il n'en aurait pas été question et aurait cessé d'être intéressant.

Et dire pourtant que, chaque année, journellement dans les hôpitaux, dans le service de M. Vulpian même, comme dans celui des autres médecins et dans le monde, combien d'infortunés malades ne meurent pas de cette maladie diagnostiquée et traitée, par tous, comme « cancer de l'estomac » — alors qu'ils n'en ont pas !

Et la lumière n'a pu se faire en leur esprit ?

Mais, il convient de dire que ces malades ne sont pas Monseigneur le comte de Chambord, et qu'ils passent inaperçus.

Seulement cette mort, qui a intéressé toute l'Europe, aura un avantage immense, par la publicité qu'elle a eue, c'est d'être utile à l'humanité.

____

(1) Voir : *Gazette hebdomadaire de médecine*, n° 37, 14 septembre 1883, à laquelle j'emprunte toute la relation faite par **M. Vulpian.**

Je le prouverai par des faits.

Occupons-nous maintenant de la maladie, du diagnostic et du traitement qui a été fait. Nous parlerons après de l'autopsie.

Je n'entreprendrai pas de détailler toutes les causes auxquelles, de son vivant et après sa mort, les médecins ont voulu attribuer la maladie et ne m'attacherai pas à celle plus que puérile et anti-scientifique qui voulait la rapporter à l'ingestion de fraises gâtées ou à l'empoisonnement par le tabac !

Tous les médecins et le monde doivent avoir présent à l'esprit le travail de M. le professeur Vulpian.

Arrivons de suite au fait : ici je copie tout ce qui a été écrit par M. Vulpian.

Le 19 juin, M. le docteur Théodor Mayr, médecin de l'hôpital de Neustadt, voit le malade. Le 24 ou 25 juin, préoccupé de la persistance des symptômes et renouvelant chaque jour son examen, *il croit reconnaître l'existence d'une tumeur résistante dans la région épigastrique, à droite de la ligne médiane.*

Le 27, consultation avec M. Drasche, l'un des professeurs les plus distingués de Vienne. *Constatation de la présence de la tumeur, et d'un commun accord, ils en appellent à l'expérience consommée* du professeur Billroth.

La consultation eut lieu le 29, le résultat fut que M. Billroth hésitait entre trois hypothèses :

Affection du foie — gastrite goutteuse — ou *cancer de l'estomac, tendant néanmoins à admettre cette dernière maladie.*

Le 5 juillet, la maladie s'aggrave. MM. Drasche et Mayr demandent un médecin français. M. le professeur Vulpian est choisi.

Il arrive le 15 juillet, et avant la consultation, il examine l'auguste malade ; le *palpe*, l'*ausculte*, le *palpe de nouveau*, et finit par reconnaître, *par le toucher, une tumeur, mal limitée, siégeant à la région épigastrique, à droite de la ligne médiane, ayant l'étendue de la moitié de la paume de la main.*

Après ce premier examen, un second a lieu en présence de MM. Drasche et Mayr.

Malgré ces deux examens faits par lui, professeur de l'École de médecine, membre de l'Institut et les renseignements qui lui ont été fournis par ces deux médecins, M. Vulpian demande une seconde consultation pour le 17, *afin de pouvoir contrôler ses premières explorations et établir son diagnostic.*

Néanmoins le 16, *il revoit seul le malade, et constate le même état de la région épigastrique.*

Le 17, *après une exploration très attentive* de cette région, faite devant les docteurs autrichiens, *il sent de nouveau, très distinctement, une tumeur située à droite de la ligne médiane, à la région épigastrique.*

Dans la conférence qui suivit cette visite, il déclare que : *l'existence d'un cancer de l'estomac est extrêmement probable.* MM. Drasche et Mayr avaient posé ce diagnostic et par conséquent il se trouvait d'accord avec eux, puisqu'ils admettaient l'existence d'un cancer de l'estomac. Tous les caractères morbides les ramenaient vers le diagnostic « cancer ».

Après la consultation, malgré les hésitations pour dire sans atténuation leur opinion à M. le comte de Blacas, ces messieurs décident qu'il valait mieux émettre une affirmation catégorique sur ce point et reconnaître la présence du cancer.

Chargé, dit M. Vulpian, par mes confrères de faire part à M. de Blacas de notre manière de voir sur la maladie de M. le comte de Chambord, je lui dis que nous éprouvions le chagrin d'être obligés de confirmer le diagnostic déjà indiqué ; que le malade *était atteint de catarrhe de l'estomac,* qu'il y avait incontestablement, en outre, une tumeur dans la cavité abdominale, que cette tumeur *était un cancer;* que ce cancer siégeait *probablement dans l'estomac,* mais que cela n'était pas certain ; que la maladie était incurable ; que, si le cancer siégeait en dehors de l'estomac, la vie pourrait se prolonger encore des semaines, peut-être des mois ; qu'une terminaison fatale serait sans doute *moins tardive,* s'il s'agissait véritablement *d'un cancer de l'estomac.*

En vérité, c'est à n'y rien comprendre.

M. Vulpian a donc pensé que les médecins ne liraient pas son travail et que parce qu'il est professeur et membre de l'Institut, il ne s'en trouverait pas un qui oserait lui répondre ?

Il s'est trompé, et je vais le lui prouver en relevant *les énormités anti-médicales* qu'il dit, en déclarant qu'il y a *catarrhe de l'estomac* et *cancer de l'estomac.*

S'il y a cancer, comme il le déclare, qu'a-t-il besoin de parler de catarrhe de l'estomac !

Et qu'entend-il par *catarrhe de l'estomac,* maladie qui n'existe pas et dont les auteurs ne parlent pas (1)?

En admettant même cette maladie inconnue de la science et non de M. Vulpian, « catarrhe de l'estomac », qu'elles peuvent être son influence et sa gravité quand il y a cancer, comme il le reconnaît ?

C'est plus fort, comme diagnostic, que si, à propos d'un phthisique, il disait : ce malade est atteint d'un catarrhe des poumons,

---

(1) Voir Grisolle, t. I. Chapitres du catarrhe en général et gastrite.

mais ce catarrhe est la phthisie! Attendu qu'il existe un catarrhe des poumons et qu'il n'y en a pas de l'estomac.

Cela dépasse toute imagination.

Il constate, en outre, qu'il existe une tumeur à la région épigastrique et par suite des vomissements incessants, rejetant tous les liquides; il est forcément amené à conclure que c'est l'estomac qui est atteint et il vient dire « que ce cancer peut siéger en dehors de l'estomac. »

Mais, s'il était en dehors de l'estomac — admettons que ce cancer ait pu exister — l'estomac n'aurait jamais rejeté toutes les boissons; les vomissements n'auraient pas été incessants et mieux, n'auraient pas eu lieu.

Vraiment c'est fort pour un professeur de l'Ecole de médecine, membre de l'Institut.

Plus bas, M. Vulpian déclare : « Il est incontestable *qu'une* » *erreur de diagnostic* avait été commise pendant la vie du » malade, *puisque nous n'avons pas trouvé le cancer que nous* » *nous attendions à rencontrer dans la région épigastrique* ».

Ceci est une amende honorable — *post mortem* — qui est forcée par l'évidence du fait, mais le malade n'en a guère eu le bénéfice, ni lui, ni tous ceux qui meurent de cette même erreur de diagnostic.

Et combien n'y en a t-il pas, même le duc d'Angoulême! comme le dit plus loin M. Vulpian.

Continuons l'examen du rapport :

Le 18 juillet, M. Vulpian quitte le malade.
Dans la nuit du 18 au 19, de vives douleurs reparaissent.

L'épigastre était le siège de douleurs très aiguës; peu après les vomissements survinrent avec altération des traits, elles durèrent le 19 et se calmèrent le 20 et le 21.

L'amélioration eut lieu et fit croire à une convalescence; mais dans la nuit du 8 au 9 août, les vomissements reparurent; l'estomac ne tolérait plus rien; quelques jours après survint du sub-delirium.

Le 20 août, M. Vulpian est appelé; il arrive après la mort. A sa demande, M. Mayr *lui déclare qu'il n'avait cessé de sentir distinctement la tumeur dont il avait constaté lui-même l'existence* les 15 et 17 juillet. La tumeur *représentait*, au dire de M. Vulpian, *une superficie de vingt centimètres carrés*.

Ainsi, voici un malade qui a été déclaré atteint de cancer de l'estomac ; que ce cancer a été reconnu par la palpation et la percussion ; que son volume et sa situation parfaitement limités à droite de la ligne médiane, à l'épigastre ; que ce malade a été traité pour un cancer de l'estomac, et qu'il en meurt.

Que le diagnostic qui avait été mis sous scellés et tenu secret est ouvert et l'on apprend alors qu'il porte : « cancer de l'estomac ».

Mais, ô surprise ! l'autopsie a lieu et démontre qu'il n'y a pas de cancer, qu'il n'en a jamais existé, à moins que ce cancer ne se soit envolé avec l'âme de l'auguste malade sans même laisser la moindre trace de son passage dans l'estomac ou la cavité abdominale.

Et dire que pour établir un pareil diagnostic, il a fallu les lumières de trois célébrités médicales de l'Autriche, renforcées d'une célébrité médicale française, « que l'on dit être » une des plus capables et encore a-t-il fallu à cette dernière, outre les renseignements fournis par les médecins autrichiens, un triple examen du malade pour pouvoir établir son diagnostic pour une maladie qui n'existait pas et mieux, n'avait jamais existé !

Que de réflexions sérieuses et tristes doivent se présenter à l'esprit de tous !

Comment M. le professeur Vulpian, écrivant de sang-froid, à tête reposée, convaincu — *de visu* — et matériellement de l'erreur de son diagnostic, a-t-il pu s'oublier au point de venir l'appuyer pour l'établir : « que le duc d'Angoulème, oncle du » malade, était mort d'un cancer de l'estomac et invoquer » l'hérédité ! »

Mais où diable a-t-il vu que l'hérédité, pour « les maladies dites héréditaires », descendait des lignes collatérales, alors qu'elle n'existait pas dans la ligne directe ?

Admettons un instant l'hérédité ; mais lui médecin, je ne dis pas même professeur, — je n'ai pas besoin de remonter si haut — comment devant cette preuve, cette constatation matérielle de l'erreur dans laquelle ils ont tous joué un si triste rôle, ne s'est-il pas posé une question qui s'imposait non seulement à son esprit de médecin, mais surtout à son amour-propre de professeur, de membre de l'Institut et par dessus tout à sa réputation et à son autorité de médecin d'un hôpital; comment ne s'est-il pas dit : si je me suis si grossièrement et publiquement trompé, ainsi que mes confrères de l'Ecole autrichienne, le médecin du duc d'Angoulème ne s'est-il pas également trompé ?

Il aurait eu raison de l'admettre et même d'en avoir la conviction, après *la cruelle* et *mortelle leçon* qu'il a reçue de son diagnostic pour le prétendu « *cancer de l'estomac* » de M. le comte de Chambord.

Il n'avait donc pas à parler d'une hérédité qui ne pouvait exister, alors même que la maladie eût été héréditaire.

Maintenant, nous nous trouvons en présence de ce dilemne :

Ou les plus célèbres médecins autrichiens et français, ou qui sont sensés être les plus célèbres, sont incapables d'établir un diagnostic, ce qui, je me hâte de le dire, ne peut être admis — *sauf pour le cancer de l'estomac, puisqu'ils ont donné les preuves de leur incapacité et ignorance médicales pour cette maladie* — ou l'affection désignée : « cancer de l'estomac, n'existe pas, ou si elle existe, la science médicale n'en connaît pas plus les légers symptômes que les plus graves, puisqu'ils sont inconnus des professeurs.

Ce qui est prouvé par le diagnostic porté par quatre célébrités médicales sur la maladie du comte de Chambord et confirmé par l'autopsie.

Ceci démontré, une question se présente forcément à l'esprit de tous : de quelle maladie le comte de Chambord est-il donc mort?

Remarquons que, même par l'autopsie, MM. Mayr et le professeul Vulpian, ont été incapables de pouvoir la désigner et ce sont des célébrités!!!

Comme ils n'ont pu le dire, j'ai la prétention, bien que je n'ai pas vu le malade, que je n'ai connu la maladie que par les journaux, de dire qu'elle en était la cause, l'expliquer et le traitement qui aurait dû être fait.

Mais avant, il convient de faire connaître les motifs qui m'ont ait entreprendre ce travail; le droit, comme médecin, que je

crois avoir de le faire et de parler de la sorte, ne serait-ce que
pour expliquer mes démarches, les soutenir et prouver que j'avais
raison de les faire. Et, en outre, que je le devais pour l'humanité
et la science.

Je le puis d'autant mieux, que je n'avais attendu ni l'aggravation de la maladie, ni la mort du comte de Chambord, pour indiquer l'erreur de tous les médecins, la cause réelle de la maladie
et le traitement à lui opposer.

De ce travail résultera les preuves que la science médicale ne
connaît nullement « *les symptômes du cancer de l'estomac et*
» *qu'elle est encore à démontrer que cette maladie existe,* puisque
» *les professeurs* prennent ceux d'une autre maladie comme étant
» *les siens.* »

Si un médecin ose déclarer que cette maladie est connue, qu'il
prenne garde, car il sera responsable de l'épithète que sa déclaration attachera aux noms des quatre célébrités austro-françaises.

Lorsque le 5 juillet 1883, les journaux annoncèrent la maladie
du comte de Chambord, l'état désespéré dans lequel il se trouvait,
et le diagnostic « cancer de l'estomac, » porté par les médecins
autrichiens, j'adressai immédiatement, à M. le comte de Monti,
la lettre suivante, à Frohsdorf :

Paris, 5 juillet 1883.

Monsieur le comte,

Je lis dans le « *Figaro* » du 5 juillet l'opinion émise par les médecins
sur l'état de Monseigneur le comte de Chambord.

Comme vous avez l'honneur d'être son fidèle ami, je viens m'adresser à
vous, pour vous exprimer, comme médecin, mon opinion sur la maladie
de Monseigneur.

Connaissant cet état pour l'avoir soigné, chez beaucoup de malades, pour
lesquels les médecins de Paris avaient porté le même diagnostic, je puis
déclarer qu'ils sont dans l'erreur, attendu qu'il n'y a « *ni cancer de l'estomac, ni affection goutteuse, ni affection du foie.* »

L'état de monseigneur le comte de Chambord ne provient *uniquement*
que d'un calcul de la vésicule biliaire qui cherche à sortir, d'où les vives
douleurs et le sentiment de brûlure à l'estomac, provoquant les vomissements bilieux, puis des vomissements de sang, résultant de la déchirure
du conduit cholédoque, par le passage du calcul.

Tant qu'il ne sera pas arrivé dans l'intestin. les vives douleurs existeront, ainsi que les vomissements.

Il n'y a rien de grave dans cet état, *s'il est combattu immédiatement*, par un vomitif et ensuite par des purgatifs.

Il n'y aurait de gravité qu'autant que le calcul étant volumineux, produirait la perforation du conduit cholédoque, alors la mort aurait lieu en peu d'heures.

Ceci est excessivement rare, le docteur Cerise en est un des rares exemples.

L'inappétence ne provient que de l'afflux de la bile dans l'estomac ; elle provoque *le dégoût* et *la répulsion* pour tous les aliments.

Son Altesse *ne doit pas avoir de fièvre*. Le pouls peut avoir de la fréquence dans les crises. mais cette fréquence ne constitue pas la fièvre.

Les douleurs n'arrivent que par crise, lorsque le calcul chemine. Il faut donc provoquer sa sortie et la faciliter par les moyens que je vous indique.

Soumettez, je vous prie, à madame la comtesse de Chambord, ma lettre, que vous communiquerez aux médecins qui ont l'honneur d'être près de son Altesse.

Veuillez agréer, etc.

Signé : Dr RÉZARD DE WOUVES.

Le 10 juillet, j'allais m'adresser directement à madame la comtesse de Chambord, mais prenant conseil d'un ami — haut placé — j'en fus détourné, parce que, me dit-il, il n'y avait pas eu le temps nécessaire pour avoir une réponse. Je n'expédiai point ma lettre.

Les jours suivants, les nouvelles étaient rassurantes.

Mais le 15 août, comme elles étaient très graves, je m'adressai à M. le marquis de Dreux-Brézé et lui écrivis la lettre suivante :

Saint-Aubin-sur-Mer, 16 août 1883.

Monsieur le marquis,

D'après les nouvelles, l'état de Monseigneur le comte de Chambord est si grave, que l'on craint un dénouement prochain.

L'affection qui mine Monseigneur dure trois et même quatre mois.

Les crises se représentent. après une période de calme qui fait croire au retour de la santé et deviennent de plus en plus fortes, en raison de la faiblesse du malade, qui ne peut plus prendre aucune nourriture et *il s'éteint dans la dernière.*

Déjà, dès le 5 juillet, j'ai eu l'honneur de l'écrire à M. le comte de Monti, alors qu'une fin prochaine paraissait imminente.

Aujourd'hui j'ai l'honneur de m'adresser à vous et de vous dire : que l'on est dans l'erreur sur la maladie de Monseigneur et qu'agissant contre la cause, dans quinze jours ou trois semaines, la santé serait rendue à a l'auguste malade.

Pour émettre cette opinion et avoir une pareille conviction, il faut des faits, les voici :

En décembre 1873, j'ai été appelé près de M. Humblot, 46, rue du Vert-Bois. Il était atteint depuis le mois d'août de la même affection, réputée « cancer de l'estomac. » Envoyé à Vichy, il revint à Paris, après des vomissements de sang.

La maladie suivant son cours, l'empêchait de prendre aucun aliment. Les liquides, le lait et le bouillon, étaient immédiatement rejetés.

Malgré le triste état dans lequel il était, j'ai consenti à lui donner mes soins et la santé lui a été rendue rapidement.

En 1872, j'ai été appelé près de M. Coin, syndic honoraire des agents de change, 2, place du Louvre, atteint depuis le mois d'août de la même maladie, réputée « *cancer de l'estomac.* »

Je l'ai vu le 22 décembre, alors que MM. les docteurs Barth et Bailly ne conservaient plus aucun espoir.

Les vomissements incessants empêchaient toute alimentation et la faiblesse était telle qu'il ne pouvait à peine parler.

Vingt jours après la santé lui était rendue.

M. Humblot vit, vous pouvez vous renseigner près de lui de ce que je vous dis.

M. Coin est mort d'une autre maladie, il y a quelques années, mais Madame Coin vous dira le fait.

M. Humblot m'adressa M. Kritter, directeur d'une fabrique, rue du Chemin-Vert, atteint de la même affection, la guérison a été obtenue.

M. le comte de Pont-Carré, ancien magistrat, étant dans le même état et ayant entendu parler de ce que j'avais fait pour M. Humblot, vint de Tours où il était, pour se renseigner près de lui et avoir mon nom. J'eus le bonheur de lui rendre la santé.

M. Humblot pourra vous certifier ces faits.

Je crois devoir les porter à votre connaissance, vous priant de les vérifier vous-même.

Comme Monseigneur n'est malade que depuis fin juin, il a encore deux mois environ à souffrir et à vivre, puisque tous les moyens employés ont été impuissants et c'est la durée de la maladie.

J'ai donc le temps d'agir et j'ose espérer que le même bonheur que j'ai eu pour des personnes étrangères me sera encore accordé.

Veuillez, etc.

Signé : Dr RÉZARD DE WOUVES.

Voici la réponse que M. le marquis de Dreux-Brézé m'adressa :

Paris, 17 août 1883.

Je vous remercie, Monsieur, de la communication contenue dans votre lettre du 16 courant et joins à ce remerciement l'assurance de ma considération très distinguée.

Signé : DREUX-BRÉZÉ.

Je n'avais donc pas même attendu l'aggravation de la maladie pour préciser le diagnostic et déclarer : 1° que les médecins se trompaient et qu'il n'y avait point de cancer, ce que l'autopsie a prouvé et qui a été confirmé par la déclaration de M. Vulpian : 2° indiquer la maladie. calculs biliaires, dont les médecins n'ont pas parlé ; 3° dire le traitement à faire et qui n'a pas été employé.

Il convient maintenant de rechercher et d'établir d'où provient leur grossière erreur. Rapportant tous ces symptômes à la maladie qu'ils désignent « cancer de l'estomac » et sachant que ce mal est incurable, ils ne se donnent pas la peine d'y réfléchir. Ce qui le prouve, c'est que M. Vulpian, convaincu par l'autopsie, que son diagnostic a été faux, qu'il a été induit en erreur par les symptômes, ne cherchera même pas à s'éclairer et à s'instruire pour trouver leur cause et celle de la mort.

Il est Professeur, cela suffit.

Si les médecins avaient songé à rapprocher tous les symptômes, sans exception, qui s'observent dans la maladie qu'ils nomment « cancer de l'estomac », de ceux qui sont produits par les calculs des reins (calculs néphrétiques), ils les auraient trouvés tous identiquement semblables :

Douleurs subites, se déclarant en pleine santé, avec grande violence et excessivement aiguës, tout comme dans le « cancer de l'estomac ».

Ténesme vésical incessant, mixtion des urines, de plus en plus douloureuse, devenant sanglante avec un sang d'abord rouge, puis noir.

Symptômes qui sont identiques avec ceux observés dans le cancer de l'estomac pour les vomissements quand ils arrivent à ce point.

Y a-t-il ou s'est-il jamais trouvé un médecin assez borné pour prétendre que ces symptômes provenaient d'un cancer de la vessie ?

Et pourtant ce sont les mêmes symptômes qui sont produits sur deux organes différents, et par la même cause : calculs, agissant sur les reins, la vésicule biliaire et le foie, avec cette différence que ceux du foie produisent l'ictère, tandis que cette conséquence ne s'observe pas dans les deux autres cas.

Notons qu'un fait constant existe, dans cet état c'est la constipation.

Tous les auteurs le déclarent.

Néanmoins, ne voyant que les vomissements, on ne s'occupe jamais de provoquer la circulation intestinale, loin de là, on ira même jusqu'à supprimer les fonctions du gros intestin et l'empêcher de recevoir les matières contenues dans l'intestin grêle, dans un but tellement ingénieux et scientifique que l'on voudra en faire un second estomac !

Alors les lavements de bouillons, de lait, de peptones et de toutes ces spécialités *mercantiles* qui sont inutiles — sauf pour les vendeurs — sont employées et, disons-le de suite, sans profit pour le malade dont on aggrave la position et qui succombe après avoir subi un traitement pour une maladie qu'il n'a pas.

La maladie et *la mort du comte de Chambord* en sont les preuves les plus évidentes, d'autant qu'elles sont irrécusables, puisque *quatre célébrités médicales austro-françaises* les ont consacrées et qu'elles ont été confirmées par l'autopsie.

Je prendrai pour preuve authentique de tout ce que je dis, la note de M. le professeur Vulpian.

J'ai parlé du diagnostic, occupons-nous du traitement qui a été fait.

Jusqu'au 5 juillet, le traitement de MM. Drasche et Mayr n'a pas été indiqué, ils prescrivaient des *lavements nutritifs*, parce que les vomissements se reproduisaient encore plusieurs fois dans les vingt-quatre heures.

L'état du malade s'aggravant, M. Vulpian est appelé.

Il déclare que : les fonctions intestinales étaient paresseuses. Les médecins avaient prescrit des lavements nutritifs, par suite des vomissements incessants ; ils étaient administrés, après avoir au préalable débarrassé l'intestin à l'aide de lavements simples.

Les lavements nutritifs déterminaient souvent de l'irritation qui se traduisait par des coliques et un peu de diarrhée. Ce mode d'alimentation ne semblait pas réussir autant qu'on l'avait espéré.

De plus, je vis nettement sur la langue un commencement de muguet, sous la forme de petits points blancs.

Je proposai à M. Mayr pour traitement (Dr Vulpian) 1° de prescrire des lavages de la cavité buccale avec la solution de borate de soude (15 juillet).

2° Suspendre l'emploi des eaux de Carlsbad et de Marienbad, suspendre les lavements nutritifs, *pour laisser reposer l'intestin.*

3° Alimentation exclusivement lactée. — Pilules de bi-carbonate de potasse, d'abord trois par jour, puis six, puis neuf, tous les trois jours.

4° Onctions sur la région épigastrique avec iodure de potassium et extrait de belladone.

MM. Drasche et Mayr signèrent avec M. Vulpian.

Tel est le traitement reconnu utile par les trois médecins pour la maladie qu'ils déclarent cancer de l'estomac.

Il est bon de se rappeler ce qui a trait pour combattre le muguet; à l'autopsie, ce souvenir sera utile pour expliquer les ulcérations de l'œsophage et de l'estomac qui ont étonné M. Vulpian.

Après le départ de M. Vulpian, M. Mayr continua les essais d'alimentation qu'il avait commencés. Des peptones furent administrés en lavements, du vin pancréatique, etc., etc.

Après une amélioration très marquée, de nouvelles crises se produisirent et la mort eut lieu dans la nuit du 23 au 24 août.

Ayant parlé de la maladie, du diagnotic et du traitement, arrivons *à la preuve, l'autopsie.*

Elle a eu lieu en présence de M. le Dr Mayr et de M. le professeur *Vulpian, qui, bien que déclarant n'avoir pas eu le temps* de la faire très exactement, a pu en avoir néanmoins assez pour s'occuper de traces insignifiantes (les ulcérations de l'estomac et et de l'œsophage), ne s'occupant nullement de rechercher la cause de la mort, et passe sous silence l'organe où il aurait trouvé, positivement, ce qu'il désirait savoir : la cause de la maladie et de la mort.

Il n'a le temps de ne rien voir, et pourtant il examine tout (le cœur, les artères, les veines, les reins, etc.).

Il parle du foie et déclare « qu'il n'a rien trouvé qui mérite » d'être signalé. La bile était de couleur ordinaire. »

C'est bien laconique.

M. le Dr Vulpian ayant tout vu, a cependant oublié la vésicule biliaire, qui lui aurait appris ce qu'il désirait savoir.

Il aurait dû se rappeler l'*observation du Dr Cerise* qui, atteint

des mêmes symptômes, les attribuant « *à son rhumatisme qui lui
» remontait dans l'estomac* », est mort subitement, de nuit, après
des douleurs très aiguës. Les médecins, ses amis, qui le soignaient,
firent l'autopsie et *ne négligèrent pas l'examen de la vésicule
biliaire*, qui contenait *vingt-trois calculs* dont *le plus gros,
du volume d'une noisette*, avait déchiré et perforé le conduit
cholédoque, et avait occasionné la mort.

S'il s'était rappelé ce fait, il aurait porté son attention sur la
vésicule biliaire et lui aurait consacré tout le temps qu'il a employé à examiner inutilement ces prétendues ulcérations de l'œsophage et de l'estomac, qui sont, comme gravité, ce que les aphthes
sont pour la bouche.

M. Vulpian l'ayant oublié, bien qu'il ait vu et soigné le malade,
n'a pu, même par l'autopsie, dire et reconnaître à quelle maladie
il avait succombé.

C'est profondément triste.

J'ignore si les célébrités médicales de l'Autriche, MM. Billroth,
Drasche et Mayr, ont publié également une relation, comme
celle de M. *Vulpian, mais j'aime à croire, pour eux, qu'ils se se-*
ront abstenus.

M. *Vulpian n'y a pas songé ; je l'en remercie au nom de l'hu-*
manité et de la science.

Que résulte-t-il pour l'honneur de la Faculté de médecine
de Paris, qui à juste titre est réputée la première ? C'est
qu'un de ses professeurs, membre de l'Institut, médecin d'un hôpital, a été incapable d'établir un diagnostic du vivant du malade
et que, par l'autopsie, il n'a pu même reconnaître la cause de la
mort ! ! !

Et, c'est un Professeur ! ! !

Il n'y a pas à avoir le moindre doute à cet égard attendu que
dans son résumé relatif à l'autopsie, il déclare que : « La maladie
» a été caractérisée : *au point de vue anatomique*, par des ulcéra-
» tions de la membrane muqueuse de l'œsophage ; et *au point
» de vue clinique*, par un ensemble de symptômes qui devait iné-
» vitablement faire admettre tout au moins comme très vraisem-
» blable l'existence d'un cancer de l'estomac.

Mais est-ce que ces ulcérations, l'état athéromateux de l'aorte et des artères et même le mésentère très épaissi, auraient jamais pu déterminer, dès le 16 juin, des douleurs *tellement vives et si fortes* que, comme il le dit : « *Le malade se roulait sur son lit,* » et qu'elles produisaient l'altération des traits, à faire croire à une mort imminente ?

Qu'une grande amélioration succédait à cet état, et était bientôt remplacée par les mêmes symptômes, s'aggravant à chaque crise et finissant par occasionner la mort.

Et il n'y avait pas de cancer ! qu'elle était alors la cause qui produisait ces souffrances excessives, se représentant par crises ?

Peut-on les attribuer aux signes inoffensifs constatés par l'autopsie ? c'est inadmissible.

Comme il n'y a pas d'effets sans causes, quelle est-elle ?

C'est ce que les médecins et M. Vulpian n'ont pas songé à rechercher et Grisolle, page 366, t. II, va nous l'apprendre, ainsi qu'à M. Vulpian, à l'article « Calculs biliaires, accidents aigus », il dit :

« Si un calcul biliaire irrite ou déchire les parois du conduit,
» les malades accusent alors à l'instant même, une douleur vive,
» déchirante ou lancinante, atroce, qui souvent arrache des cris
» et des gémissements aux personnes les plus courageuses et les
» plus endurcies aux souffrances.

» Les malades, le tronc fortement fléchi, *se roulent quelquefois
» à terre ou dans leur lit.* »

Il résulte donc de ce que dit Grisolle, que la cause qui produisait tous les symptômes observés dans la maladie du comte de Chambord, et indiqués par M. Vulpian, *au point de vue clinique,* ne dépendaient que de calculs biliaires.

Sa déclaration prouve que lui, comme les médecins autrichiens, ignorent ce qui est établi par les auteurs, puisqu'ils n'ont pas reconnu cette cause du vivant et ne l'ont pas recherchée à l'autopsie.

Quant aux ulcérations que M. Vulpian a trouvé dans l'œsophage et l'estomac, elles ne proviennent uniquement que, de l'irritation que la bile y a déterminée, et qu'il a également observée dans la gorge, par le muguet.

Et que dire de son ingénieuse supposition de les attribuer « à des fragments d'os avalés? »

Alors qu'il déclare que, depuis le 16 juin, il ne pouvait s'alimenter.

M. Vulpian n'a qu'à faire faire sous ses yeux, les autopsies des morts qu'il aura reconnus, *par le diagnostic, être atteints de cancer de l'estomac:* qu'il aura traités comme tels et il pourra se convaincre, *par un examen fait d'une manière sérieuse,* que ce n'est plus *un fait extrêmement rare, ni très intéressant,* surtout pour le malade.

Il aura la preuve que le fait de la maladie, de la mort et de l'autopsie de M. le comte de Chambord, se reproduira à chacun de ses morts par suite *d'un cancer de l'estomac,* qui n'aura jamais existé et qu'il ne retrouvera plus à l'autopsie — *bien qu'il l'aura palpé, délimité et reconnu pendant la vie, à droite de la ligne médiane, de l'épigastre* et ce, pour l'instruction de ses élèves.

Ceci établi, je vais prouver, qu'écrivant le 5 juillet, sans avoir vu le malade, ne m'en rapportant qu'à la note publiée par le *Figaro,* et déclarant « qu'il n'y avait ni cancer de l'estomac, ni » affection goutteuse, ni affection du foie et que la maladie était le » résultat de calculs biliaires », j'étais dans le vrai et dans le droit de le faire, voici les faits qui m'y autorisent.

OBSERVATIONS

DE MALADES DÉCLARÉS ATTEINTS DE CANCER DE L'ESTOMAC

A l'appui de l'opinion que j'avais émise, dès le 5 juillet et renouvelée le 15 août, sur l'erreur du diagnostic porté par les médecins, sur la maladie du comte de Chambord, je produis onze observations pour lesquelles la même erreur avait été commise et pour l'une d'elle, par M. le professeur Vulpian, lui-même, comme le prouve sa consultation écrite et signée par lui.

La 12° observation prouvera que, *dès le début de la maladie,* les symptômes ont été identiques à ceux observés chez ces onze malades, comme ils l'ont été également pour la maladie du comte de Chambord, que le diagnostic, que j'indiquais, porté dès le début, s'est trouvé exact; que le traitement que je conseillais ayant été employé, les symptômes ont été arrêtés et la guérison obtenue.

Résultat semblable à ceux des autres malades, bien qu'ils fussent arrivés à une période extrême, après avoir supporté tous les traitements employés.

Observation I. — M. Coin, 2, place du Louvre.

Le 24 décembre 1872, je fus mandé près de M. Coin, très gravement malade et déclaré atteint de Cancer de l'estomac ». Il était soigné par MM. Barth et Bailly, ce fut ce dernier qui me reçut.

Il m'apprend que le 5 août, pendant la nuit et après un dîner au restaurant, M. Coin fut pris subitement de douleurs à l'épigastre, de vomissements; que l'état était si grave qu'il crut à une attaque de choléra.

Peu après les médecins attribuèrent la maladie à une affection de l'estomac. Il fut envoyé à Vichy. Les accidents se reproduisant, il en partit et vint en province. Son état s'aggravant, il rentra vers le 3 décembre à Paris, dans un état excessivement grave.

Plusieurs rechutes ou crises avaient eu lieu successivement et après chaque crise son état empirait.

Un ictère très grave, compliquait sa maladie, qui était attribuée à un « cancer de l'estomac ».

Les vomissements étaient incessants; l'estomac ne tolérait plus rien. La faiblesse était extrême, au point de l'empêcher de parler. La connaissance intacte, l'amaigrissement excessif.

Après avoir examiné le malade, je me retirais et au moment de formuler, M. le Dr Bailly me dit « qu'il n'y avait pas de consultation, que » c'était mon avis seulement que M. et madame Coin désiraient avoir et de » parler en mon nom ».

Je le formulai par écrit et terminais ma consultation en déclarant : 1° Qu'il n'y avait pas de cancer à l'estomac; 2° que la maladie ne dépendait que de calculs du foie et de la vésicule biliaire; 3° que le malade s'affaiblissant davantage à chaque nouvelle crise, il était à présumer qu'à la prochaine, qui pouvait survenir d'un instant à l'autre, le malade succomberait; 4° que pour l'éviter, il n'y avait qu'un traitement à opposer à cet état, les lavements purgatifs et les purgations, afin de débarrasser au plus vite les intestins et dégager l'estomac qui accepterait et garderait alors la nourriture que le malade prendrait; 5° que par ce traitement, M. Coin pourrait être rétabli dans une vingtaine de jours.

Je prescrivis de donner des lavements purgatifs avant de faire prendre la purgation, afin qu'elle ne fut pas rejetée et d'avoir recours au sulfate de magnésie, 30 grammes à prendre dans une tasse de tilleul tiède.

Après avoir donné lecture à M. le docteur Bailly de mon avis, il m'apprit que M. Coin tiendrait à ce que ma constatation lui fut lue. Je l'ignorais.

Je ne voulus laisser ce soin à personne et le fis, en présence de M. Bailly.

Arrivé au passage « de la mort qui était à redouter à une prochaine crise », M. Coin souleva sa main et me dit : Oui, vous avez raison.

Le coup était grave pour un malade, mais, lui dis-je, attendez : Si vous faites ce que je vous dis, dans vingt jours, vous serez guéri.

Ses yeux me remercièrent par leur expression.

Je le quittai. Après mon départ M. le docteur Barth, fut mandé. Il fut mis au courant de ce qui avait eu lieu et de ma consultation.

Le lendemain j'appris par un des amis du malade que mes indications avaient été suivies et qu'il se trouvait mieux.

Mais le 10 février 1873, je fus redemandé par le malade, dont l'état, après une amélioration, s'était de nouveau aggravé.

J'appris alors qu'après la première purgation — qui n'était pas celle que j'avais prescrite — ses effets avaient continués à tel point, qu'ils avaient été combattus.

Ceux-ci ayant été arrêtés, les vomissements reparurent.

Prenant alors la direction des soins à donner, je prescrivis immédiatement un lavement purgatif, pour arrêter les vomissements et peu après, au lieu de 30 grammes de sulfate de magnésie, qui « disaient on » ne pouvaient être pris, tant le volume était considérable, j'en administrai 40 grammes.

Je continuai, seul, mes soins que je cessais le 29 mars et déjà depuis plusieurs jours M. Coin, « *réputé atteint de cancer de l'estomac et menacé d'une mort imminente* », se trouvait complètement guéri, et pouvait sortir.

Le 10 avril, j'écrivais à son frère, médecin à Châlons : « Quel
» a été le diagnostic porté par vous et les médecins, sur la maladie
» de monsieur votre frère, depuis août jusqu'au 24 décembre, jour
» où j'ai été appelé près de lui ? « Cancer de l'estomac ». Quel dia-
» gnostic ai-je porté ? quel traitement ai-je indiqué à l'encontre de
» tous, par consultation écrite ?

» Aujourd'hui votre frère est guéri, il vit et bientôt vous le
» verrez et en jugerez par vous-même ».

Ainsi, cet homme, malade du 6 août au 24 décembre, réputé atteint de cancer de l'estomac, compliqué d'un ictère très grave, arrivé *in extremis*, se trouve ramené à la santé et est guéri, rien que par des purgatifs, alors que tous les autres traitements avaient échoué.

Observation II. — M. Enot, 24 rue des Halles.

Le 24 juillet 1873, je suis appelé près de ce malade réputé atteint, d'après le diagnostic des médecins, de cancer de l'estomac.

Les vomissements ayant suivi leur cours, toute alimentation, même par liquides, était rejetée. L'amaigrissement et la faiblesse étaient extrêmes.

L'épigastre bombé, douloureux au palper, le ventre résistant, dur, constipation.

Les lavements nutritifs avaient été employés sans succès.

Malgré tous les moyens employés, la maladie s'aggravait, l'estomac ne tolérait plus rien.

Vu la distension de l'estomac et surtout que chaque fois que le malade buvait, il vomissait plus qu'il n'avait absorbé, je me décidais à agir par un vomitif, pour dégager l'estomac de tout ce qu'il contenait.

Le tartre stibié à la dose de 10 centigrammes fut prescrit et produisit le rejet d'une grande quantité de liquides et de bile très foncée.

Le lendemain, je prescrivis un lavement purgatif avec 15 grammes de chlorure de sodium (sel de cuisine), et aussitôt après son action, une purgation avec 30 grammes de sulfate de magnésie, qui produisit des évacuations copieuses, noires et infectes.

Dès ce jour, 26 juillet, les vomissements cessèrent et le malade pouvait s'alimenter.

Les purgatifs furent continués tous les trois et quatre jours, jusqu'à l'entier dégagement des intestins.

A la fin d'août, je cessaimes soins, la santé étant revenue complètement.

Observation III. — Mademoiselle Hortense Hamais, âgée de cinquante ans, 14 rue des Écoles.

Cette malade a eu durant plusieurs années des digestions les plus pénibles. Plusieurs médecins l'ont soignée, pour une maladie de l'estomac.

Elle rejetait le peu d'aliments qu'elle prenait et parfois vomissait le sang. Tout fut employé : poudres, pilules, vins digestifs, cataplasmes de lie de vin, etc. Elle dépérissait à vue d'œil. En dernier lieu un médecin essaya de la soumettre au régime du lait et avait déclaré qu'il y avait une tumeur à l'estomac. Telle avait été également l'opinion des docteurs qui l'avaient soignée auparavant.

Le régime du lait fut donc prescrit, en dernier lieu, mais rien que du lait pendant longtemps. Ce régime fut suivi pendant quelques jours. Les deux premiers, le lait passait ; le troisième jour, moins facilement et le quatrième il était rendu, comme l'avaient été les autres aliments. Les vomissements étaient incessants, la malade s'affaiblissant et l'état s'aggravant de plus en plus, je fus consulté.

Après avoir été mis au courant des phases de la maladie et de la médication suivie, je procédai à l'examen de la malade. Après avoir constaté que l'épigastre, jusqu'à la région ombilicale, était dur et résistant et présentait une sorte de voussure formant tumeur, à droite de la ligne médiane, à l'épigastre, je l'attribuai non à un cancer, mais à une dilatation de l'estomac, et que tout cet état dépendait de la présence de calculs biliaires, faisant refluer, par leur sortie, la bile vers l'estomac et occasionnant les vomissements incessants et l'arrêt des fonctions intestinales, qui se traduisait par une grande constipation.

Je prescrivis immédiatement un vomitif (0,10 tartre stibié) et pour le lendemain une purgation avec 30 grammes sulfate de magnésie.

Aussitôt après l'effet du purgatif, la malade s'est sentie soulagée, la nourriture. qui depuis plusieurs mois ne passait plus, ne fut pas rendue.

La médication par les purgatifs et les vomitifs, fut continuée, jusqu'au dégagement complet de l'intestin.

Les vomissements cessèrent et la nourriture fut conservée.

Depuis, cette malade que l'on considérait comme perdue, étant atteinte de cancer de l'estomac, va très bien, digère parfaitement et jusqu'à ce jour (avril 1884), sa santé est revenue plus belle qu'avant. Elle n'éprouve jamais aucun embarras de l'estomac, ayant soin de se tenir le ventre libre au moyen de purgations.

Observation IV. — M. Boullet, chimiste, 3 *ter*, rue du Soult, à Vitry-sur-Seine.

En avril 1873, ce malade vint me demander mes soins pour son état qui était très grave.

Il m'apprend que depuis longtemps il éprouvait des élancements aigus dans tout le côté droit à l'épigastre. En juillet 1872, il était d'une grande faiblesse, après avoir employé bien des traitements. Les douleurs intérieures augmentaient. Il y avait une grande constipation.

L'on croyait à une tumeur de l'intestin.

Il prit des pilules de savon médicinal, d'extrait de ciguë et des lavements de saponaire. Après deux mois de ce traitement et l'état s'aggravant, les digestions devinrent très pénibles et très douloureuses, l'estomac ne pouvant plus rien supporter, il ne prenait que des purées de légumes à l'eau et au sel.

En mars, M. le Dr Barth, appelé en consultation, déclara qu'il n'y avait pas de tumeur à l'intestin, que l'estomac était seul malade. Un régime doux fut prescrit ; mais le malade ne pouvait plus rien digérer, s'affaiblissait et maigrissait de jour en jour ; les douleurs au côté droit augmentaient. Il y avait de l'insomnie et le peu sommeil qu'il avait était très agité et très pénible.

C'est alors qu'il eut recours à mes soins.

Après un examen, je reconnus qu'il n'y avait rien dans les intestins et qu'il n'y avait pas de tumeur à l'estomac, comme les médecins l'avaient diagnostiqué, que cet état ne dépendait uniquement que de calculs du foie et de la vésicule biliaire, attendu qu'il y avait une teinte ictérique générale, qui avait été attribuée à un cancer.

Rien aux poumons, au cœur, ni dans les centres nerveux. Pas de fièvre. Constipation. Grand amaigrissement, faiblesse extrême.

Il n'y avait pas à hésiter, je prescrivis un vomitif (tartre stibié 0,10) et le surlendemain sulfate de magnésie 35 grammes.

Le vomitif provoqua l'expulsion d'une grande quantité de bile. La purgation fit très peu d'effet et pour arriver à débarrasser l'intestin, arrêter les vomissements et permettre à l'estomac de conserver les aliments, j'ai dû employer l'élixir de Guillié et porter progressivement la dose jusqu'à sept cuillerées. Après la troisième purgation, le malade pouvait manger et conservait ses aliments, sans aucune souffrance.

A la cinquième purgation, des matières durcies anciennes étaient rendues.

Toutes les douleurs avaient disparu, l'embonpoint et les forces revinrent. Depuis sa santé est rétablie, les digestions sont faciles. La seule recommandation que je lui ai faite est de se purger chaque fois qu'il éprouverait soit des douleurs au côté droit ou de la constipation, et jusqu'à ce jour il n'y a eu aucune rechute.

Observation V. — Le 27 décembre 1873, je suis appelé près de M. Humblot (rue du Vert-Bois, 46), déclaré atteint de cancer à l'estomac et arrivé à la dernière période de la maladie.

Il a 54 ans, était d'une forte constitution, et s'est toujours bien porté. Aujourd'hui il est très maigre et d'une faiblesse extrême et ne peut quitter le lit.

J'apprends qu'en 1871 il éprouva les premiers symptômes de sa maladie, *par des douleurs à l'épigastre et à la région hépathique et des vomissements.*

En 1872, seconde crise plus violente ; des vésicatoires furent appliqués à l'épigastre ; des frictions avec des pommades, etc.

Il n'y eut pas d'ictère.

La maladie reste dans une phase bénigne jusqu'en 1873. A cette époque les crises deviennent plus fréquentes et plus violentes. Les vomissements se succèdent, tantôt des glaires, de la bile et bientôt du sang.

Les médecins consultés prescrivent une saison à Vichy ; il s'y rend en septembre. Peu après avoir commencé la cure, la maladie s'aggrave ; aucune nourriture ne peut être tolérée, et les vomissements de sang reparaissent. Il revint de suite à Paris.

A partir d'octobre, les douleurs épigastriques reparaissent avec plus de violence et provoquent les vomissements. Aucune nourriture ne peut passer. Un régime uniquement lacté est prescrit. Un emplâtre de ciguë est appliqué à l'épigastre. Une amélioration semble en résulter mais bientôt les vomissements reparaissent et du sang est rejeté avec abondance. Il y avait de la constipation ; un lavement émollient est donné et produit une abondante évacuation.

Les douleurs épigastriques étant très vives, des piqûres de morphine furent faites et déterminèrent un anthrax volumineux. Des cautères furent placés au creux de l'estomac.

En novembre le lait pur ou coupé d'eau ne peut plus être toléré. Les vomissements de sang reparaissent précédés de douleurs très aiguës à l'épigastre. Les crises sont continuelles. Il s'y joint du délire et des syncopes. Les médecins déclarent qu'il y a cancer de l'estomac, et qu'il n'y a plus d'espoir.

Le 27 décembre je suis appelé près de ce malade qui est réduit à la plus grande maigreur et d'une faiblesse extrême.

Assis sur son lit il se balance d'avant en arrière ; c'est, dit-il, pour calmer le feu qu'il éprouve dans l'estomac ; il dit que le liquide qu'il rejette est tellement acide que la gorge et la bouche en sont brûlés. Que chaque fois qu'il boit, et en petite quantité, il rejette bien plus qu'il n'a pris. L'épigastre est bombé, surtout à la partie droite, et la percussion donne un son mat dans une grande étendue. Le ventre est rétracté, dur. Les régions hépatique et splénique ne sont pas douloureuses. Rien aux poumons, pas de fièvre. Langue sèche, soif, chaleur à la gorge. L'haleine n'offre aucune mauvaise odeur.

Je ne partage pas l'avis des docteurs qui ont soigné ce malade. J'attribue les vomissements de sang, toujours précédés de vives douleurs, à la sortie des calculs biliaires et comme il y a constipation, la bile expulsée ne pouvant s'écouler par l'intestin séjourne dans l'estomac qui est distendu d'une manière excessive, ce qui explique le rejet d'une quantité de liquide plus considérable que ce qui est absorbé.

Une seule indication était à suivre, débarrasser au plus vite l'estomac de « tout ce liquide, qui, au dire du malade, était comme un bain d'acide, » faciliter, par les contractions, le retrait des parois et après, agir sur l'intestin.

A ma prescription de faire prendre l'émétique, le malade et sa famille en furent terrifiés, par suite des vomissements de sang qui avaient eu lieu et de la grande faiblesse du malade.

Je maintins mon ordonnance et pour qu'elle fût exécutée, j'administrai moi-même l'émétique

Pour éviter les efforts, je le fis se coucher sur le ventre, la tête hors du lit, pour faciliter la sortie du liquide et pour que l'estomac fût comprimé sur le matelas.

Peu de temps après, des vomissements très abondants ont lieu ; je les provoque par un peu d'eau chaude, aussitôt qu'ils s'arrêtent. Le liquide est très bilieux, recouvert d'une mousse jaunâtre, odeur très fade, pas la moindre trace de sang.

Je quitte le malade après une heure de soins, recommandant de continuer à provoquer les vomissements ; par ce moyen, une grande quantité de liquide fut rejetée. Le malade très fatigué, éprouvait néanmoins du soulagement.

Le soir, il pouvait prendre un peu de bouillon et le conservait.

Le 28, sulfate de magnésie, 35 grammes.

Le 6, la purgation et les lavements purgatifs ayant produit peu de résultats, les vomissements ayant reparu, je prescris un vomitif (tartre stibié, dix centigrammes), qui produit le rejet de beaucoup de bile.

Le 7, une purgation est prescrite et produit d'abondantes évacuations. Le malade se sent très soulagé, les vomissements cessent.

Tous les soirs, de la magnésie calcinée est prise pour entretenir la circulation intestinale et neutraliser les acides.

Le 15, à ma visite, j'assiste à une crise d'une violence extrême. Le malade, couché sur le côté gauche, me rendant compte de son état, éprouve subitement une vive douleur à droite, à l'épigastre; il se tourne sur le côté droit, le tronc fléchi et comprimant de la main le point douloureux. Bientôt des secousses tétaniques agitent ses jambes et la douleur lui arrache des cris.

Après environ une demi-heure de durée, le calme survint. Lorsqu'il se retourna, sa figure était décomposée et couverte de sueur, les lèvres pâles, les yeux agrandis, exprimaient une grande fatigue.

Il me dit avoir eu souvent des crises semblables et qu'après survenaient des vomissements de sang.

Je n'hésitais pas à lui faire prendre immédiatement une purgation, recommandant de bien examiner les évacuations pour constater la présence des calculs dont la sortie avait certainement provoqué cette violente crise.

Effectivement une grande quantité de calculs fut recueillie dans les garde-robes.

Je continuai, tous les trois ou quatre jours, à prescrire une purgation.

Le 28 février, le sulfate de magnésie ne produisant pas assez d'effets, je prescrivis de prendre trois cuillerées à bouche d'élixir de Guillié.

La nourriture composée de viandes, potages, légumes, était conservée; quelquefois, le soir, il y avait un ou deux vomissements de liquides.

Le 3 mars, les vomissements ayant reparus, je prescrivis pour la troisième fois l'émétique.

A partir de ce moment, les vomissements cessèrent. La nourriture fut conservée, les forces revinrent et le malade avait soin, chaque fois qu'il éprouvait des chaleurs à l'épigastre et un sentiment de brûlure à l'estomac, de prendre le soir une cuillerée à bouche de magnésie calcinée anglaise.

Par ce traitement, la santé est revenue, il a pu reprendre ses travaux et se porte parfaitement bien jusqu'à ce jour (avril 1884).

J'ai dit que j'avais constaté chez ce malade une grande distension de l'estomac, j'en avais l'explication par ce fait, qu'il déclarait: qu'après avoir bu une petite quantité de liquide (lait, bouillon), il en rejetait bien davantage.

Il fallait donc débarrasser l'estomac de tout le liquide acide qui le distendait, lui faciliter les moyens de reprendre sa forme normale, ce que j'obtins par les vomitifs et les purgatifs.

L'observation suivante prouve que j'étais dans le vrai.

Observation VI. — En 1876 ou 1877, la *France médicale* publiait, d'après un journal de Madrid (*El Siglo Médico*), ce fait suivant : « Un » malade entra à l'hôpital à Madrid. D'après tous les symptômes et l'exa- » men médical, les médecins déclarèrent qu'il était atteint de « cancer à » l'estomac. »

» Tous les symptômes qui avait été observés depuis le début de la mala- » die, motivaient le diagnostic. Il succomba; à l'autopsie, les médecins ne » constatèrent qu'une dilatation considérable de l'estomac par suite d'une » grande quantité de liquide. »

Il n'y avait aucune trace de cancer, soit induration ou ulcération au pyloro.

Ainsi pour M. Humblot, la voussure considérable de l'épisgastre, la matité et le rejet de plus de liquide que celui qui était bu, trouvent leur confirmation dans cette observation qui a été publiée plusieurs années après.

Les mêmes symptômes, admis comme signes du cancer de l'estomac, induisaient également en erreur les médecins espagnols.

Je crois devoir porter l'attention du lecteur sur le fait de la crise très violente que M. Humblot a éprouvée et à laquelle j'ai assisté et que j'attribuais à des calculs expulsés de la vésicule.

Il m'a été d'un grand secours pour juger un cas que j'ai été à même de bien observer et suivre pendant six heures consécutives et dont je rapporte l'observation à la fin de ce travail. (Observation XII.)

Observation VII. — M. Bourdiaux, 62 ans, propriétaire dans la Nièvre ; à Paris, 14, avenue Daumesnil.

Le 6 mai 1878, je suis appelé près de ce malade. J'apprends qu'il y a dix-huit mois il a ressenti de vives douleurs épigastriques, qu'elles étaient si aiguës, qu'il ne savait quelle position prendre. Aussitôt qu'elles se calmèrent, il y eut un vomissement de sang, avec caillots et sang rouge vif. — Les douleurs cessèrent.

En novembre suivant, les vives douleurs reparurent, suivies de vomissements de sang rouge, puis noir.

Il vint à Paris et consulta M. le docteur Charcot, c'était à la fin de novembre.

En janvier 1878, nouvelles crises de vives douleurs, suivies de vomissements noirs. Presque tous les aliment étaient rejetés.

La maladie s'aggravant, malgré le traitement de M. le docteur Charcot, il revint à Paris en avril, et consulta, le 18, M. le docteur G. Sée, qui lui prescrivit (je copie la prescription) : 1° Prendre le matin à jeun et le soir avant le diner une petite cuillerée de cette poudre avec un peu d'eau ou de lait.

Fleurs de soufre............ ...   ⎫   ana :
Crème de tartre............ ..... ⎬   20 grammes.
Magnésie anglaise...............   ⎭

2° Continuer le lait-jus de viande, à peine cuite, avec du bouillon très chaud ; potages au tapioca, du vermicelle ; purée de légumes secs.

3° Si les vomissements sont fréquents, on fera pratiquer une injection avec vingt gouttes de morphine.

Chlorhydrate de morphine.............. 1 gramme.
Eau distillée............... .... 50 —

Signé : G. Sée.

18/4 (Traduction : 18e jour du 4e mois de l'année.)

Le malade ayant éprouvé de vives douleurs dans l'estomac, et les vomis-

sements, loin d'être calmés par les injections de morphine ayant augmenté,
il cessa ce traitement.

Le 29 avril, il appelle M. le professeur Vulpian, qui prescrit :

1° Continuer les moyens cités, actuellement mis en usage, en ayant soin
d'augmenter peu à peu la dose de morphine, jusqu'à 0,01 c. par jour et
plusieurs fois ;

2° Prendre de la glace, de l'eau de seltz avec du sirop de groseille, etc. ;

3° Appliquer sur l'épigastre un emplâtre de ciguë de 0,12 centimètres de
diamètre ;

4° Prendre, chaque jour, trois des pilules d'acide arsénieux suivantes :

Acide arsénieux..................... 0,05 centigrammes.
Poudre de racine de guimauve miel..... q. s.
        pour 50 pilules.

5° Prendre chaque jour une cuillerée à bouche de sirop d'iodure de fer,
dans deux cuillerées à bouche de vin de quinquina au vin de Malaga.

(Étendre d'eau s'il y avait des aigreurs).

Dans le cas où ce sirop serait mal supporté, le remplacer par des pilules
de Blancard ;

6° Pour régime : essayer divers aliments de digestion facile et particu-
lièrement, s'il se peut, du jus de viande, pur ou mêlé à des purées ou à de
la chicorée cuite ou à des épinards.

Le 29 avril 1878.

Signé : Professeur VULPIAN.

N. B. — Les prescriptions ont été exécutées à la pharmacie Mialhe. —
Nos 381,417, 381,418 et 381,903.

Le diagnostic porté par MM. les docteurs Charcot, G. Sée et le
professeur Vulpian, consultés séparément, fut : « Cancer de l'estomac. »

Voyant pour la première fois, le 6 mai, le malade, je constate un amaigrissement extrême, à peine s'il peut marcher dans sa chambre, tant la
faiblesse est grande.

Langue chargée. Salivation abondante. Chaleur et vives douleurs à
l'épigastre, qui ne peut supporter la moindre pression. Vomissements
continuels, noirs comme de la suie de cheminée. Constipation. Urines
déposant beaucoup de sable.

Ventre rétracté, dur, collé au dos. Rien dans les poumons ni au cœur.
Pas de fièvre.

Ne partageant pas l'opinion des médecins qui ont vu le malade, je déclare
« qu'il n'y a pas de cancer, et que tout cet état ne provient que de la sortie
» des calculs biliaires qui, déchirant le conduit cholédoque, provoque les
» vomissements de sang et que la constipation qui existe aggrave encore
» l'état de l'estomac.

» Qu'il y a eu erreur de diagnostic et ce qui le prouve, c'est qu'en trai-
» tant d'une manière toute opposée et dans le sens que j'indique, je suis
» arrivé à la guérison de malades arrivés à cette période ultime. »

e purgatif. — Dès le jour même, je prescris deux lavements purgatifs et pour le lendemain, sulfate de magnésie 30 grammes à prendre en deux doses, à une demi-heure d'intervalle.

Les lavements ne produisent aucun effet ; la médecine est rejetée deux heures après la seconde dose, et ne produit aucun résultat.

Les vomissements continuant, le soir, un lavement purgatif, sans effet.

1er vomitif. — 9 mai. — Vomitif. Tartre stibié, 0,05 c. — Ipéca, 2 gr.

Bien que le malade n'ait bu que les deux tiers d'un verre d'eau, il vomit la moitié d'une grande cuvette. Sur le liquide surnage une mousse très épaisse, brune foncée, avec une grande quantité de bile. Odeur fade et aigre.

Dans la journée, potages, bouillon et vin. Le soir, lavement purgatif, sans résultat.

2e purgatif. — 10. Les vomissements avaient cessé jusqu'à ce matin à 5 heures, où il y en a eu un ; le liquide est plus clair, la mousse est moins épaisse ; au fond, dépôt bilieux. Sommeil toute la nuit, ce dont il était privé depuis longtemps.

Lavement purgatif ; une heure après, poudre de scammonée, un gramme et le soir, un lavement purgatif.

11. La purgation et les lavements n'ont produit aucun résultat.

La purgation a été vomie quatre heures après avoir été prise.

Plusieurs vomissements la nuit, mais de meilleure nature, toujours bilieux.

Le ventre est moins rétracté, le palper m'indique beaucoup de matières intestinales ; les gaz font percevoir les circonvolutions de l'intestin.

La salivation est moindre, langue meilleure. La douleur épigastrique existe toujours.

12. Vomissements noirs abondants, à 5 heures du matin.

3e purgatif. — 13. Vu l'état du ventre et n'ayant pas encore obtenu *la moindre évacuation*, je prescris un 3e *purgatif* de scammonée, un gramme, quatre heures après, il est rejeté.

Les gargouillements étant très prononcés, un lavement purgatif est donné et produit *une première évacuation* de matières noires, partie liquide et solide. Potages, bouillon et vin.

14. Les vomissements se reproduisent, seulement toutes les vingt-quatre heures. Pas d'évacuations.

Lavements purgatifs. Même alimentation.

15. Les vomissements persistent. L'épigastre moins douloureux. Pas d'évacuations.

16. Même état. Les lavements produisent de l'effet.

17. La journée d'hier a été fatigante. Les potages et bouillons ont été conservés jusqu'à 9 heures du soir, un vomissement a lieu, et deux autres la nuit.

2e vomitif. — Devant cette persistance des vomissements et malgré la faiblesse du malade, me guidant sur l'expression vive de sa figure, je n'hésite pas à lui prescrire un vomitif. Émétique, 0,05 centigr., Ipeca, 1,50 gr. en deux doses. Après un demi-heure, vomissement de la moitié d'une cuvette de liquide jaune foncé, et le malade n'avait bu qu'un demi-verre d'eau.

Pour la journée, 3 potages. Vin de quinquina et madère. Pour le soir, lavements purgatifs et une cuillerée à bouche de magnésie calcinée anglaise.

18. La journée a été bonne, bon sommeil, pas de vomissements. Pas une seule évacuation. Même traitement pour le soir.

4e *purgatif.* — 19. — Un vomissement à neuf heures et deux autres la nuit. Pas d'évacuation. La douleur à l'épigastre est revenue. Comprenant que l'intestin est complètement obstrué, je prescris *Scammonée* 1,50.

20. Après deux heures, la purgation est rejetée. Fortes douleurs dans le ventre et à l'épigastre pendant toute la journée. Deux potages, les bouillons et le vin ont été conservés.

A neuf heures, après un lavement, une évacuation extraordinaire a lieu, c'est une masse compacte, au milieu est un morceau du volume d'un œuf de dinde, dur, fendillé, d'un vert noir, et malgré son séjour dans le vase pendant toute la nuit, il conserve toute sa dureté. Il y a le tiers d'un grand vase de matières noires, durcies. Odeur très forte.

A la vue de ce résultat on ne peut comprendre que cet homme, qui depuis dix-huit mois vomit presque constamment, pouvait avoir conservé tant de matières dans ses intestins.

Même alimentation. Lavement le soir et magnésie calcinée.

21. Le malade se trouve très bien. Bon sommeil. Pas de vomissements. Ventre développé, borborygmes. Pas d'évacuation. Les aigreurs et le sentiment de brûlure à l'estomac n'existent plus. En résumé, amélioration très grande. Même alimentation et traitement. Le soir, après un lavement, il y a eu une selle très copieuse, la moitié d'un grand vase, vert noir, odeur infecte. Sur la surface se trouvent disséminés une grande quantité de calculs bruns.

22. Bon sommeil, un seul vomissement à 9 heures du soir le 21.

23. Pas de vomissements depuis le 21. État général meilleur. Le ventre étant toujours empâté et désirant dégager complètement l'intestin et l'obliger de fonctionner, je prescrivis : Sulfate de magnésie, 30 gram., c'est le 6e purgatif et de plus deux vomitifs depuis le 8 mai, soit quinze jours), non compris la magnésie anglaise et les lavements purgatifs.

Potages au pain, bouillon, vin de Kua.

24. Journée pénible, vives douleurs intestinales, un lavement facilite une évacuation copieuse, matières plus noires et plus infectes ; deux vomissements plus copieux que le liquide absorbé. Nuit bonne, près de l'ombilic une masse dure se perçoit.

25. A 9 heures un vomissement contenant très peu d'aliments. Quatre potages, madère, vin de quinquina.

26. Nuit très bonne, état très satisfaisant. Hier le malade a pu se lever

pendant une heure. L'amas de matières que j'avais constaté près de l'ombilic s'est déplacé. Ventre empâté. envies d'aller à la selle, sans résultat

Quatre potages, jus de viande, vin de Kua ; le soir : lavements purgatifs, magnésie calcinée.

27. Un vomissement, pas d'évacuations.

29. Un lavement produit une petite évacuation.

30. Pas de vomissement depuis le 27 au soir. Tous les potages ont été conservés ainsi que tout ce qui a été bu.

Fréquentes envies d'aller à la selle, sans résultat. Un lavement procure une évacuation de matières très dures, bosselées et désagrégées, ayant dû former une masse unique, elles sont noires, verdâtres.

Depuis hier, comme tonique, je lui ai prescrit 0.30 de sulfate de quinine. Même alimentation.

31. La journée bonne ; pas de vomissement. Les potages ont été conservés. Le ventre est développé, le palper indique encore beaucoup de matières.

Un lavement produit une copieuse évacuation de matières très dures, très noires, puis *d'autres, de nouvelle formation*, et cinq fois moins grosses.

Enfin l'intestin fonctionne ! Les vomissements ont cessé depuis le 26.

Alimentation augmentée.

Juin 1er. Hier soir, un vomissement de liquide et de peu d'aliments.

Sentiment de gêne dans le ventre. Le malade se sent bien mieux.

Le soir, lavement et magnésie calcinée.

2. Un vomissement de liquide la nuit, pas d'évacuations, fréquentes envies.

Pour la journée, quatre potages, œuf frais, asperges. Sulfate de quinine, 0,30, vin de Kua. Le soir, lavement purgatif et magnésie calcinée.

4. Bonne journée, le malade a pu se lever et se faire raser. Bon sommeil, pas de vomissements. Ventre empâté, les envies ne produisent pas de selles, un lavement est donné et produit une très copieuse évacuation, contenant des matières très dures, noires, et d'autres de nouvelle formation.

Trois potages, poulet, asperges et biscuits. Même médication.

5. Hier *une évacuation naturelle* de matières infectes, noires et collantes.

Journée bonne, un vomissement le soir, le liquide recouvert par une sorte de mousse, ne contenant pas d'aliments.

3e *vomitif*. — Ce matin, comme il y a des nausées, je fais prendre un gramme de poudre d'ipéca. Un vomissement a lieu de suite, liquide aigre, avec un peu de mousse.

Un lavement produit une évacuation de matières anciennes, très dures, grosses et désagrégées, et d'autres de nouvelle formation.

Côtelette de mouton, potages, etc.

Même traitement le soir.

6. Deux vomissements, le soir et la nuit, pas d'évacuation. Il se plaint u ventre.

8. Un vomissement ; douleurs à l'épigastre, aigreurs, pas d'évacuation. Potages, cotelette, etc.

9. Hier soir, après avoir souffert à l'épigastre, un vomissement contenant la nourriture prise : la masse était noire, le liquide ne l'était pas ; à 3 heures un second ne contenant que du liquide, sans mauvaise odeur. Pas d'évacuation, l'épigastre ce matin n'est pas douloureux.

« Ce vomissement noir, qui est le premier que j'observe ne proviendrait-il pas de la sortie d'un calcul, qui occasionnait aussi les douleurs épigastriques perçues la veille ? »

Potage, poulet, vin.

12. Depuis le 8 au soir, pas de vomissement. Malgré les lavements donnés depuis le 9, il n'y a pas eu de garde-robe, un lavement purgatif produit une évacuation moulée de matières nouvelles. Le liquide est coloré en noir et odeur très forte.

État bien amélioré. Toute la nourriture a été conservée depuis le 8 au soir. Elle se composait chaque jour de deux potages, d'une côtelette de mouton, d'asperges et de fraises.

13. Une évacuation naturelle, infecte, trois vomissements dans la nuit.

14. Deux évacuations après des lavements émollients, contenant des matières anciennes, désagrégées et noires. Du 14 au 18, malgré les garde-robes, il y a chaque jour un vomissement de liquide acide, ne contenant pas d'aliments.

Un sentiment de brûlure et de douleurs dans l'estomac existant, je n'hésite pas à faire prendre un vomitif.

4° *vomitif*. — Sirop d'ipéca, 30 grammes, ipéca, 1 gramme, qui produit le rejet d'une grande quantité de liquide, recouvert d'une mousse jaunâtre, sans aliments.

La même alimentation est continuée.

Du 18 au 23, le malade a pu rester levé chaque jour. Toujours vomissements de liquide, sans aliments. Selles par suite des lavements.

Le 23, un lavement purgatif produit une évacuation très copieuse, matières très noires, très dures, désagrégées et en plus un énorme morceau moulé contenant des matières noires anciennes et nouvelles.

Du 23 au 27, chaque jour un ou deux vomissements, rien que du liquide.

L'alimentation est augmentée.

Une selle naturelle, très infecte, noire.

27. Les urines ont une odeur très forte, comme dans le catarrhe de la vessie.

La nourriture est augmentée. Un potage le matin, deux repas de viande et légumes, café, vin de quinquina.

1er juillet. État très satisfaisant. Pas de vomissement depuis le 27, urines meilleures.

Pour le soir une cuillerée à bouche de magnésie calcinée.

4. Pas de vomissements, ni d'aigreurs. La magnésie a produit une copieuse évacuation de matières noires, très infectes. Le soir une seconde.

Les urines sont naturelles. État très satisfaisant, le malade se sent très bien.

6. Douleurs dans le ventre, il n'y a pas eu de garde-robes depuis le 4.

Une cuillerée de magnésie produit deux évacuations très copieuses et infectes. Pas de vomissements depuis le 27 juin.

10. J'apprends que le 8 une vive douleur s'est déclarée au côté droit de la région hépatique, sous les dernières côtes et en arrière. Il ne peut tousser ni se mouvoir sans de vives douleurs. Depuis hier soir il divague. Il n'a voulu prendre aucune nourriture, depuis cette douleur.

Le pouls qui n'avait jusqu'au 8, qu'une fréquence de 80 à 84, s'élève à 116 pulsations, avec intermittences, soubresauts de tendons. Il y a eu des frissons. Le pied et la jambe droite sont enflés. Il y a une grande faiblesse ; l'état est excessivement inquiétant.

J'attribue cet état à un abcès du foie, ou des reins, par suite de l'odeur infecte que les urines ont eu il y a quelques jours. Rien ne paraît à l'extérieur.

Sulfate de quinine, 0,50. Vin de Kua, potages.

Le 11, les lavements ont produit deux évacuations, qui ont soulagé le malade. Le point douloureux est moins aigu. L'état est moins grave. Il n'y a plus de divagation ; la parole est plus forte, pas de vomissements.

Même traitement et nourriture.

Le 12. État moins grave ; douleur moindre, pas d'évacuations.

Le 14. Les douleurs reparurent plus vives à la région hépatique et en arrière et le malade succomba dans la nuit du 16 au 17 juillet.

Les vomissements ayant cessé depuis le 27 juin.

Il résulte de cette observation : 1° que s'il y avait eu cancer de l'estomac, la médication faite aurait occasionné de graves résultats.

2° Qu'il a fallu quatre vomitifs et six purgations, du 7 mai au 24, pour obtenir le dégagement de l'estomac et des intestins, sans compter les lavements purgatifs, et autres, la magnésie calcinée prise presque tous les deux jours.

En outre que le 5 juin et le 18, deux autres vomitifs ont été donnés et que ce n'est qu'après ce quatrième vomitif que les vomissements ont cessé et que la nourriture composée de viande et de poulet, légumes, a été conservée.

3° Que ce traitement, loin d'irriter l'estomac, est parvenu à faire cesser les vomissements dès le 27 juin, jusqu'au 17 juillet, jour de la mort.

4° Et que les derniers vomissements qui ont eu lieu avant le 27 juin ne contenaient que du liquide et pas d'aliments.

5° Il résulte de cette observation que MM. les docteurs Charcot, Sée et Vulpian, ayant diagnostiqué un cancer de l'estomac, comme le constate leurs consultations citées, ont été dans l'erreur.

Erreur qui est consacrée par le diagnostic et la mort du comte de Chambord, attribuée à un cancer de l'estomac, qui n'a pas été trouvé à l'autopsie. Or, si le malade dont je cite l'observation avait un cancer de l'estomac, comment un traitement fait dans un seul but, la circulation de l'intestin, obtenu par quatre vomitifs. six purgations sans compter la magnésie anglaise et les lavements purgatifs, pris dans un espace si court. auraient pu arrêter les vomissements et permettre à l'estomac de conserver toute la nourriture prise depuis le 27 juin jusqu'au 17 juillet jour de la mort, qui n'a eu lieu que par suite d'un abcès des reins, comme l'odeur infecte des urines le signalait dès le 27 juin.

Peut-on admettre après une preuve si formelle, fournie par la médication, que l'estomac pouvait, non pas être atteint « du fameux cancer de l'estomac » mais seulement, — je ne dis pas d'un catarrhe, — d'une simple gastrite ?

Observation VIII. — M. Féroud, 52 ans, sous-chef au chemin de fer de l'Est. Malade depuis trois ans. sans intermittences. La 1re crise date de six ans. Diagnostic porté : « Cancer de l'estomac ».

Le 26 novembre 1878, je vois le malade. Amaigrissement extrême ; vomissements incessants, bilieux, noirs, vives douleurs à l'épigastre.

Tous les traitements employés n'ont pu lui procurer aucun soulagement, le lait, le bouillon tout est rejeté. Constipation.

Je prescrivis pour le 27 :

Tartre stibié 0,10 qui provoque des vomissements bilieux, mais surtout cinq évacuations très bilieuses, abondantes et très infectes.

Le 28. Purgatif, 35 grammes sulfate de magnésie, plusieurs évacuations très bilieuses et très infectes. Sommeil meilleur, les douleurs à l'épigastre ont cessé. Les vomissements sont arrêtés ; il peut s'alimenter.

Le 30. Etat meilleur, pour le 1er décembre une purgation avec un gramme de scammonée.

Quelques vomissements ayant eu lieu du 2 au 4, une purgation est prescrite et produit une copieuse évacuation noire et épaisse. Le malade se sent soulagé.

Le 8. Vomitif émétique 0,10 et une purgation deux jours après.

Le 14. Depuis le 8, il n'y a pas eu de vomissements ; le vomitif a produit des évacuations abondantes.

L'appétit est revenu, sans aucun trouble dans la digestion, ni de souffrances. La nourriture est à la volonté du malade, c'est-à-dire sans régime.

La bouche étant pâteuse, je prescris une purgation ; du vin de quinquina et du fer réduit.

Le 26. Etat très amélioré. Il n'y a plus eu de vomissement. Les forces reviennent.

Le malade se plaint de douleurs en zone, des reins à la vessie, et à ma demande il me déclare rendre beaucoup de sable dans ses urines.

Il m'a dit que le médecin qui lui avait donné des soins reconnait que la médication que j'avais employée indique formellement qu'il n'y a ni ulcération du pylore, ni cancer comme tous l'avaient pensé.

Le malade, habitant la campagne, après avoir recouvré sa santé, n'est plus revenu me voir.

Observation IX. — M. Aubert, 64, rue Notre-Dame-de-Nazareth. Le 30 décembre 1878 je suis appelé près de ce malade. J'apprends que depuis six ans, il souffre de douleurs au creux de l'estomac. Elles allèrent en augmentant et devinrent plus vives ces derniers temps et étaient suivies de vomissements d'abord bilieux, puis noirs comme de la suie ou du marc de café délayé. Une fois il n'y a eu que du sang de vomi.

Les matières fécales étaient noires.

L'appétit diminua, et l'estomac finit par rejeter presque tout, lorsque les douleurs aiguës et lancinantes devenaient plus fortes.

Cet homme a 43 ans, est brun et de très forte constitution et d'une grande force.

Au début il pesait 100 kilog.; en quinze jours il avait perdu près de 20 kilog. Ses forces diminuèrent ainsi que sa corpulence et aujourd'hui il est très amaigri et d'une grande faiblesse.

Depuis six semaines il est plus mal, est obligé de garder le lit. Il y a deux jours il a été pris d'une syncope qui a duré près d'un quart d'heure.

Des vésicatoires à l'épigastre, l'huile de croton, des ventouses ont été prescrits au début.

Langue chargée, inappétence, soif, constipation. Urines naturelles. Rien dans les poumons ; au cœur, léger bruit de souffle. Rien dans les centres nerveux. Ne souffre d'aucune partie du corps. Le foie est de volume normal. L'épigastre n'est douloureux qu'au moment des douleurs, alors le moindre palper est impossible. Du creux de l'épigastre a l'ombilic, toute cette région est bombée, la percussion m'indique que l'estomac est distendu par des liquides. Ventre empâté.

Contrairement au diagnostic porté, cancer de l'estomac. « Je formule :
» calculs de la vésicule biliaire, occasionnant le déchirement du canal
» cholédoque, l'irruption de sang dans l'estomac prouvée par les vomisse-
» ments de sang, suivis de ceux couleur de suie de cheminée, dits vomis-
» sements noirs. »

Comme pour les autres malades je prescris, pour le lendemain 31, de tartre stibié 0,10 centigr. et pour le soir un lavement purgatif. Le soir j'apprends qu'après ma première visite, à trois heures, un vomissement très abondant de sang noir avait eu lieu, avec syncopes, sueurs froides à la figure.

Je suspends le traitement à faire jusqu'à ma visite du lendemain.

Le 31. j'apprends qu'à 5 heures du matin un autre vomissement avait eu lieu ; le sang était noir, mêlé aux liquides et à deux potages de vermicelle, au fond de la cuvette se trouvent plusieurs gros caillots.

Soif vive. 120 pulsations petites, faibles, peu de chaleur à la peau.

L'épigastre est déprimé, la percussion m'indique qu'il y a encore du liquide dans l'estomac.

Je ne puis attribuer la nature et la couleur du sang reçu par l'estomac qu'à la déchirure du conduit cholédoque par un calcul, d'autant que des douleurs très vives avaient été éprouvées dans la région épigastrique, avant ma première visite.

Je suspends l'émétique qui avait été prescrit et pour dégager l'intestin, je prescris un gramme de poudre de scammonée.

A 6 heures je suis appelé. Un premier vomissement couleur suie de cheminée avait eu lieu, de vives douleurs à l'épigastre suivies de vomissements de sang rouge. Les 2/3 d'une grande cuvette ; à 5 heures, un quatrième vomissement de sang plus rouge, tout au plus la contenance d'un verre. Pas d'évacuations.

Chaque vomissement était précédé de hoquets et nécessitait de grands efforts. Les douleurs à l'épigastre ont cessé. Pouls très faible, imperceptible, peau froide.

Limonade sulfurique. un litre, bouillon froid, vin madère, coupé d'eau et trois verres à vin de quinquina pour la nuit.

1er janvier. Nuit bonne pas de douleurs à la région épigastrique. pas de vomissements. Tout ce qui a été pris a été conservé. Le malade se sent mieux, la peau est chaude, 128 puls.

Bouillon, vin de madère et de quinquina, lavement purgatif.

A 2 heures, vomissement de liquide vert-noir contenant un caillot de sang.

Le lavement ne produit aucun résultat.

2 janvier. La nuit a été calme, sans souffrance, sommeil intermittent, pas de sueur ; soif vive. Pouls fort 132 puls. Peau chaude. Pas d'évacuation. urines abondantes.

L'épigastre n'est pas douloureux ; la percussion m'indique que l'estomac ne contient plus de liquide. Ventre très empâté.

La même prescription est faite.

J'apprends qu'à midi, après une *très violente crise* et sans vomissement, il a succombé.

A ma visite du matin les symptômes ne présageaient pas une fin si brusque. Y a-t-il eu une perforation, suivie d'hémorragie interne ?

Malgré les lavements purgatifs et une purgation, il n'y a pas eu la moindre évacuation.

La position du malade était si grave que je n'ai pas osé employer un vomitif.

Cette mort si soudaine après une très violente crise, ressemble à celle du Dr Cerise.

Observation X. — Madame Mathey, propriétaire, demeurant à Saint-Cloud, vient le 1er avril 1879 réclamer mes soins et se recommande de M. Humblot.

Depuis plus d'une année après ses repas, elle éprouve des douleurs épigastriques, jointes à une sensation de brûlure à l'estomac et après des vomissements.

Malgré tous les traitements qui lui ont été conseillés, cet état a continué, se représentant par période et la dernière crise a été la plus violente.

Elle éprouve du dégoût pour la nourriture, surtout pour les viandes. Les digestions sont très pénibles et douloureuses jusqu'à ce que des vomissements viennent la débarrasser, plusieurs heures après les repas. Les légumes, purées et autres, finissent également par être rejetés. Le régime uniquement lacté lui fut prescrit ; au début, il semblait réussir, mais après quelques jours le lait comme le bouillon fut rejeté.

Il n'y a jamais eu de vomissement de sang malgré les vives douleurs épigastriques.

L'amaigrissement est très prononcé. Elle a perdu ses forces, son activité et son sommeil. N'a jamais eu de fièvre. La figure a une légère teinte ictérique. Langue saburrale, bouche pâteuse, soif par instants, inappétence ; constipation qu'elle attribue à la privation de nourriture. Les lavements n'ont jamais produit de résultats satisfaisants. Ventre dur, rétracté, l'épigastre est bombé et la moindre pression est douloureuse ; matité dans la partie déclive et à droite de la ligne médiane. Rien au foie ; il n'y a jamais eu d'ictère. Rien aux poumons, ni au cœur. La santé auparavant a toujours été très bonne.

Je prescris pour le lendemain, 2 avril, tartre stibié 10 centigrammes, et pour le 3, un purgatif avec sulfate de magnésie, 35 grammes.

Pour le soir lavement purgatif.

Le vomitif a produit le rejet de beaucoup de bile, les premiers étaient très acides. Pas d'évacuations malgré le lavement purgatif pris le soir.

La purgation a été rejetée deux heures après avoir été prise. Pas d'évacuation. Un lavement purgatif pris le soir produit très peu d'effet.

4. Les vomissements ne se reproduisent plus, les potages sont conservés, ainsi que les bouillons et levin.

Le 5, une deuxième purgation procure quelques évacuations, matières noires infectes. Le ventre est plus développé, l'épigastre n'est plus douloureux.

Le 11. L'appétit se réveille ; l'état est meilleur ; quelques nausées sans vomissement. Les aliments sont conservés.

Le 12. Une purgation, elle produit beaucoup d'effet.

Le 19. Hier, il y a eu deux vomissements de liquide très acide et contenant de la bile. Des douleurs épigastriques les avaient précédés, je prescris pour le 20, tartre stibié 0,05. Poudre d'ipéca, 1 gramme. Ce vomitif produit le rejet de beaucoup de bile et des évacuations bilieuses, noires, très infectes.

22. Une purgation est prise et dégage complètement l'intestin. Les dernières matières cessent d'être noires et infectes.

1er mai. Depuis le vomitif du 20, aucune douleur épigastrique ne s'est produite ; il n'y a pas eu de nausées. L'appétit est revenu ; toute la nourriture composée de viandes, légumes, et au goût de la malade, a été conservée.

Je lui conseille néanmoins de ne jamais rester une journée sans garderobe et de prendre, quand il le faut, de la magnésie anglaise.

Le 16 juin, la malade continue à bien se porter ; ne souffre de nulle part.

En janvier 1880, je reçois sa visite et elle m'apprend que sa santé est excellente, qu'elle n'éprouve plus aucune douleur à l'estomac et que les digestions sont très bonnes.

Observation XI. — M. Kritter, âgé de 40 ans, chef d'une usine, 115, rue du Chemin-Vert, vient le 28 octobre 1879, me demander mes soins.

Il me dit que depuis plusieurs années il souffre de l'estomac, que sa maladie a commencé par de vives douleurs à l'épigastre, accompagnées d'un sentiment de brûlure, surtout après les repas et lorsque ces douleurs étaient vives, les vomissements se déclaraient, qu'ils étaient toujours acides et très bilieux, et qu'il se trouvait soulagé.

Que cet état se reproduisait par période et s'aggravait de plus en plus, malgré tous les traitements employés.

Les aliments finirent par être rejetés trois heures après les repas ; qu'en dernier, l'appétit avait disparu, que l'estomac ne tolérait plus rien. Les douleurs épigastriques étaient très vives et parfois bien plus aiguës.

L'amaigrissement considérable. Le régime lacté lui fut prescrit. Les premiers jours, le lait fut conservé, malgré le sentiment de pesanteur qu'il occasionnait, mais bientôt, outre cette pesanteur, les douleurs épigastriques se représentèrent, et l'obligeaient à se tenir courbé. Les souffrances ne cessaient que lorsqu'un vomissement le débarrassait de tout le lait qu'il avait pris, alors il était soulagé.

Le ventre est dur, rétracté, l'épigastre bombé, ne peut supporter la moindre palpation. Il y a une grande constipation qui ne s'est déclarée qu'après l'aggravation de ses douleurs et des vomissements. Les urines sont naturelles.

Je lui fis suivre le même traitement, par les vomitifs et les purgatifs et la santé lui a été rendue.

Je le vis pour la dernière fois le 1er décembre 1879, il me dit qu'il n'éprouve plus aucune douleur ni pesanteur à l'estomac, que l'appétit est bon, qu'il n'a plus jamais eu de vomissements, que la constipation n'existe plus et que chaque fois qu'il éprouve un peu de gêne, de la magnésie anglaise suffit pour la dissiper et de plus, qu'il se purge si c'est nécessaire.

Sa santé et ses forces sont revenues.

Observation XII. — Je ne puis mieux terminer qu'en rapportant l'observation suivante, que j'ai été à même de suivre très exactement. Elle prouve que les symptômes, semblables à ceux des observations précédentes, m'ont permis, dès le début, d'établir le diagnostic, et de faire le traitement que j'indique.

Un homme d'une bonne constitution et très actif, se sentit au commencement d'octobre, après la saison habituelle qu'il fait chaque année, à Saint-Aubin-sur-Mer, sous le coup d'une indisposition bilieuse ; ce qui lui arrive quelquefois.

Depuis trois mois, malgré ses fatigues journalières, il avait à peine quatre heures de sommeil. L'appétit toujours bon, régulier.

Pendant les insomnies, subitement, sans aucune cause, le cœur battait fortement et après plusieurs pulsations, un temps d'arrêt avait lieu comme un contre-coup, cet état durait près d'une demi-heure.

Il n'existait aucune préoccupation, et il n'y avait rien au cœur.

Après les repas, il rejetait des liquides très acides et ces régurgitation ne survenaient qu'après une douleur légèrement sourde, à droite de la ligne médiane, à l'épigastre, sous les fausses côtes et en avant.

Devant revenir à Paris, il prit, le 8 octobre, une purgation, et le 10, une seconde ; toutes deux produisirent beaucoup d'effets ; le malade se sentit très soulagé. Les deux dernières nuits furent meilleures.

Le 11, après son lever, il éprouva une sensation de froid, que n'expliquait pas la température et fut obligé de se vêtir comme en plein hiver.

Au déjeuner, il eut du dégoût pour la nourriture, à peine s'il put prendre quelques bouchées. Un malaise se déclara subitement. Il quitta la table pour se mettre au lit.

De vives douleurs se déclarèrent à droite de la ligne médiane, à l'épigastre, accompagnées de frissons. La souffrance était telle qu'il se coucha tout habillé, n'ayant pas la force de retirer ses vêtements. Des vomissements incessants eurent lieu et pour éviter les efforts, il buvait constamment une infusion chaude.

Le premier vomissement contenait le peu d'aliments qui venait d'être pris ; les autres étaient très bilieux et d'une couleur brune, que l'on n'a pu me définir et que dans sa souffrance, le malade n'a pu juger.

Le tronc fléchi, couché sur le côté droit, il le comprimait de sa main.

Les douleurs, de plus en plus vives, aiguës, lui arrachaient des plaintes et des cris subits, que son énergie ne pouvaient surmonter.

Elles produisaient un effet singulier ; partant de l'épigastre, à droite, elles arrivaient aux pieds comme une flèche, et à l'instant même, déterminaient de bas en haut une secousse nerveuse, semblable à celle que doit produire une commotion électrique.

Après une heure de durée, les vomissements cessèrent. Une soif excessive existait, et les boissons chaudes qui étaient données, étaient conservées. La respiration fréquente et courte occasionnait de la douleur au côté.

Le pouls avait 88 à 92 pulsations, égales, régulières.

Il n'y avait pas de céphalalgie, l'intelligence intacte, le malade se rendait compte de son état

Le malade, bien que toujours habillé et très couvert, éprouvait une sensation de froid à l'intérieur. La peau était bonne, une légère moiteur avait lieu ; mais de tout le corps une chaleur intense se dégageait, ainsi que par la respiration. Un thermomètre à mercure, à boule de la grosseur d'une noisette, fut placé sous l'aisselle et tenu ensuite devant la bouche pour recevoir la chaleur de l'haleine ; au bout de deux minutes au plus, le thermomètre qui marquait 11° R, température à l'extérieur de la chambre, en marquait 33° R, et il n'y avait pas de fièvre ! (soit 41° centigrade.)

Les douleurs continuèrent ainsi de onze heures jusqu'après quatre heures, avec les secousses nerveuses et cessèrent à cinq heures.

Peu après, il n'éprouva plus aucune douleur, pouvait se remuer dans son lit, s'asseoir. se déshabiller, en un mot il n'avait plus rien.

Il prit un bouillon, un potage, et s'endormit de sept heures à minuit, et après avoir repris un bol de bouillon et du vin, il ne se réveilla qu'à sept heures du matin. Il y avait trois mois qu'il n'avait eu un semblable sommeil.

Le lendemain, il se trouvait très bien et s'occupait dans son jardin.

N'ayant pas eu d'évacuations après cette violente crise, il prit deux lavements purgatifs pensant, avec juste raison, qu'une grande quantité de bile et des calculs avaient été éliminés. Il n'y eut aucun résultat.

Il mangea à ses deux repas, et n'eut aucun vomissement.

Dans la nuit il ressentit une chaleur vive au-dessus de l'ombilic et sans la moindre colique.

Le samedi, 13, une purgation de sulfate de magnésie, 30 grammes, fut prise et ne produisit son effet qu'après six heures, tandis que d'ordinaire elle agissait en deux heures de temps, et provoqua une évacuation très copieuse de matières noires, infectes, compactes et collantes au vase, qu'elles teignaient en jaune foncé ; à la surface se voyaient des calculs, qui par la douleur éprouvée a leur sortie avait indiqué leur présence ; un sang rouge noir les entourait.

La journée du dimanche fut bonne. Le lundi il ne se trouvait pas aussi bien et partit néanmoins pour Paris.

A dix heures. dans le chemin de fer, il ne put manger par suite d'un dégoût semblable à celui du jeudi. A midi, une crise se déclara, mais plus légèrement. Il y eut de vives douleurs au même point, suivies de nausées, sans vomissements.

A trois heures tout disparaissait. A son arrivée à cinq heures, il se trouvait très bien, à tel point, que n'ayant qu'un court trajet pour se rendre à sa demeure, il pensa pouvoir le faire à pied.

Bientôt les forces lui manquèrent. La douleur, en avant, au côté droit, à l'épigastre, reparut et se prolongeait transversalement à gauche ; avec peine, il arrive chez lui ; se couche ; une soif vive se déclare, il demande du bouillon et de l'eau rougie et de promener un fer chaud sur toute la partie douloureuse.

Vers sept heures, les douleurs augmentent, le facies s'altère ; du subdé-lirium se déclare, puis le délire. Sa domestique, effrayée de son état. envoie chercher un ecclésiastique de ses amis.

A partir de neuf heures son état commençait à être moins grave ; à dix heures la connaissance revenait un peu et par intervalle. La douleur se faisait encore sentir au côté droit de la ligne médiane à l'épigastre.

Le pouls de 84 à 88 pulsations ; peau bonne, sans sueurs.

A onze heures et demie, son ami le quittait, rassuré sur son état ; seulement, quand il parlait, sa voix s'affaiblissait et le regard s'éteignait.

Le malade n'avait pas la conscience du temps qui s'était écoulé et ne se rendait pas compte de ce qu'il avait éprouvé.

Le lendemain 16, il était levé, quoique se sentant très faible.

Le jeudi, il prend une quatrième purgation, n'ayant pas eu d'évacuations depuis le lundi. Elle produit le rejet de matières vert noires, infectes, avec des calculs qui se voyaient au dessus.

La journée fut très bonne.

Le vendredi soir, dès huit heures, un état d'angoisse indéfinissable s'étant déclaré, il ne voulut pas se coucher, redoutant le sommeil, et aimant mieux rester éveillé, pour apprécier les symptômes qui pouvaient se produire. Cet état ayant cessé, vers minuit, et se trouvant mieux, il se coucha.

Les forces ne revenaient pas ; l'amaigrissement était extraordinaire, et pourtant il prenait journellement ses repas.

Le sommeil très bon, durait toute la nuit. Il n'y avait jamais eu de fièvre et n'avait pris le lit que pendant les crises.

Bien qu'excessivement faible et malgré l'avis de deux médecins, de ses amis, il partit le 28 pour la Bretagne.

Sa santé paraissait reprendre le dessus, néanmoins journellement il éprouvait un malaise dans l'après-midi.

Après les repas, il rejetait des liquides acides, à la suite de quelques douleurs au côté droit, en avant, suivies de chaleur à l'estomac.

Cet état persista jusqu'au 23 novembre où après de vives douleurs, une diarrhée se déclara, accompagnée d'un violent ténesme.

Il y eut du matin à dix heures du soir, une vingtaine d'évacuations et de présentations. Les premières, peu copieuses contenaient des calculs, les dernières n'étaient que du mucus incolore, comme du blanc d'œuf, et inodore. Il éprouvait chaque fois une défaillance. On lui conseillait de prendre du bismuth et des lavements laudanisés ; il s'y refusa et, malgré toutes les souffrances, les attribuant à la présence de calculs, il prit le lendemain 24, une cinquième purgation, pour débarrasser au plus vite les intestins et éliminer les causes qui avaient produit le violent et pénible ténesme qui avait eu lieu la veille. Elle produisit une abondante évacuation bilieuse, épaisse, adhérent au vase et contenant entourés d'un sang rouge noir des calculs qui avaient été parfaitement sentis à la sortie, par les éraillures qu'ils avaient occasionnées.

Ce sang ne provenait pas d'hémorrhoïdes, le malade n'en ayant jamais eu.

A partir de ce jour le sommeil revint bon, réparateur. L'appétit se développa, la figure reprit une nouvelle coloration et expression. Les forces augmentèrent, si bien que, revenant à Paris le 15 décembre, ses amis ne pensaient pas qu'il aurait pu résister à une pareille secousse.

Jusqu'à ce jour (mai), sa santé est parfaite, néanmoins de temps en temps une douleur sourde se fait sentir à droite, au même point; des aigreurs, suivies de rejets de liquides acides ont lieu et cessent sous l'effet d'un purgatif.

Il est bon de dire que c'est la première fois que cet état se présente, le malade n'ayant jamais éprouvé rien de semblable.

Que nous démontre cette observation : c'est que, dans un parfait état de santé, ce malade a été pris, subitement, par de très vives douleurs, à droite de la ligne médiane de l'épigastre, suivies de vomissements fréquents, bien qu'il n'eût pas mangé, douleurs aiguës, lancinantes, lui arrachant des cris et, après six heures de durée, disparaissent comme par enchantement.

Il n'y avait pas de fièvre, mais une chaleur extrême, 41° cent. et les médecins, d'aujourd'hui, veulent juger une maladie par le thermomètre! ! !

Quelle est donc la cause qui peut produire de pareils symptômes?

Remarquons, et nous y sommes amenés par les observations précédentes, que le malade, ayant eu le bonheur de prendre deux purgations, immédiatement avant cette crise, avait débarrassé les intestins, qui, étant complètement dégagés, pouvaient recevoir toute la bile évacuée de la vésicule biliaire, sans cela elle aurait reflué dans l'estomac, provoqué des vomissements plus violents et fréquents et le sang, provenant de la déchirure du conduit cholédoque par les calculs, ce qui a été constaté dans les évacuations, aurait été rejeté par les vomissements.

L'on ne saurait admettre des calculs hépatiques, il n'y pas eu d'ictère et le malade n'en a jamais eu. Les urines de couleur plus foncée ne tâchaient pas le vase, et ne contenaient pas de sable.

Les douleurs ne se faisaient pas sentir, en bas des côtes, mais en avant, près de l'épigastre et se prolongeaient transversalement vers la gauche, qu'une seule position pouvait être endurée, au lit lors des crises, le côté droit et le tronc fléchi.

Il n'y a donc pas lieu de prétendre que ces symptômes, ressemblant à tous ceux observés, au début, chez les malades, dont les observations sont rapportées et qui sont identiques à ceux éprouvés par le comte de Chambord, peuvent être attribués à « un cancer de l'estomac », comme ils l'ont tous été, par les médecins qui ont été consultés, pour ces malades, ce qui de plus est authentiquement prouvé par la relation du professeur Vulpian.

Par ces preuves, l'on est forcément obligé de reconnaître qu'ils ne sont dus qu'à la sortie des calculs de la vésicule biliaire et qu'en agissant sur l'intestin, leur élimination a lieu et la guérison est obtenue.

En outre, que l'estomac, malgré les vomitifs et les purgatifs, cesse d'être irrité et ayant ses voies libres, accepte et digère tous les aliments qui sont ingérés.

Ceci établi, une question se présente naturellement à l'esprit : Ce malade, comme les autres, ne peut-il pas être sous le coup d'une récidive, d'autant que c'est la première crise ?

C'est possible, seulement si elle a lieu et si elle doit entraîner la mort comme pour le docteur Cerise et M. Aubert (9° observation), je ne pourrai compléter l'observation, attendu que je rapporte ma propre observation.

Mes amis les docteurs Saint-Vel et Rougon qui m'ont vu, trois jours après ma dernière crise, du lundi 15 octobre, la compléteront pour la science.

Je dois déclarer, qu'à Saint-Aubin, comme à Paris, j'avais défendu d'envoyer chercher un confrère ; sachant ce que j'avais, je n'avais qu'à supporter mon mal et à le combattre. Ce que j'ai fait.

LA VÉRITÉ SUR LA MALADIE

PROUVÉE

PAR LE DIAGNOSTIC

Les observations qui viennent d'être rapportées acquièrent un grand poids par celle de la maladie du comte de Chambord, d'autant que M. le professeur Vulpian, consulté par un de ses malades, avait porté, pour sa maladie, le même diagnostic, ce qui avait été fait également avant lui par MM. les professeurs Charcot et G. Sée. (*Observation Bourdiaux.*)

Elles m'autorisent à dire que tous les symptômes reconnus jusqu'à ce jour comme « caractères du cancer de l'estomac », ne sont produits uniquement que par la présence des calculs dans la vésicule biliaire et par leur sortie.

Ces observations démontrent d'une manière irréfutable qu'ils ne dépendent nullement du cancer de l'estomac, comme vient le confirmer également la déclaration et l'aveu de M. Vulpian :
« qu'une erreur de diagnostic avait été commise pour la maladie
» du comte de Chambord, puisque lui et les médecins *n'avaient*
» *pas trouvé le cancer qu'ils s'attendaient à rencontrer dans la*
» *région épigastrique.* »

Ceci établi, il en résulte que la Science médicale ne connaît pas les symptômes que produit le cancer de l'estomac et qu'elle est encore à les indiquer, attendu que les professeurs des Ecoles Autrichienne, Française et Espagnole les ignorent et qu'ils portent des diagnostics complètement faux, qui les entraînent à appliquer des traitements destinés à combattre une maladie que le madade n'a pas et qui, si elle existe, leur est complètement inconnue, puis qu'après l'avoir constatée du vivant, ils ne la retrouvent plus à l'autopsie.

Il me reste maintenant à démontrer que le diagnostic que j'avais porté dès le 5 juillet et renouvelé à M. le marquis de Dreux-Brézé, le 15 août, était juste ; je vais le faire en m'appuyant des déclarations de M. Vulpian et par les signes que les auteurs indiquent comme appartenant « *aux calculs biliaires et au cancer de l'estomac.* »

Nous avons vu que M. Vulpian, le 15 juillet, « reconnaît, par
» le toucher, une tumeur mal limitée siégeant *à la région épigas-*
» *trique, à droite de la ligne médiane.*

» Le 16, nouvelle constatation. Le 17, après une exploration
» très attentive, il sent de nouveau, très distinctement, *une*
» *tumeur située à droite de la ligne médiane, à la région*
» *épigastrique.*

» MM. Drasche, Mayr et Vulpian portent comme diagnostic :
» Cancer de l'estomac.

» Après la mort, à sa demande, M. Mayr déclare qu'il n'avait
» cessé de sentir distinctement la tumeur dont il avait constaté
» lui-même l'existence, les 15, 16 et 17 juillet.

» Avant de procéder à l'embaumement, M. Kundrat palpe la
» région épigastrique et reconnaît, ainsi que les autres médecins,
» une tumeur à droite de la ligne médiane. »

C'est donc un fait acquis et authentiquement établi : il existe
une tumeur et il faut la chercher et la trouver, puisque M. Vulpian
et M. Mayr n'ont pu y parvenir.

C'est ce que je vais faire avec l'aide des déclarations des médecins cités et par l'autorité des auteurs.

Voyons maintenant ce que disent les auteurs, relativement à
cette affection, et Grisolle va nous l'apprendre à l'article
« *Calculs biliaires* » (tome II, page 364).

« *Cependant, dit-il, on rencontre le plus souvent les cal-*
» *culs dans la vésicule biliaire ; cet organe en est parfois tel-*
» *lement distendu, qu'il se trouve transformé en un corps*
» *solide.* »

« Page 368 : Dans quelques cas pourtant *on circonscrit une*
» *tumeur dure, inégale, non douloureuse, formée par la vésicule*
» *distendue.* »

Et page 437 : à l'article « Cancer de l'estomac ».

« *C'est à tort qu'on regarde généralement la tumeur épigas-*
» *trique comme un signe certain du cancer. Elle peut être formée*
» *par le foie, la vésicule biliaire.*

Et plus bas, il parle de la percussion, et dit :

» *Il en sera de même pour reconnaître une tumeur due a*
» *l'accumulation de calculs dans la vésicule biliaire : celle-ci,*
» *inégale et mate, comme celle que formerait le pylore induré,*
» *est située plus à droite, à l'épigastre.* «

Nous nous trouvons donc, par les déclarations des auteurs, en
présence de la même tumeur limitée et circonscrite par les médecins autrichiens et affirmée par le triple examen de M. le professeur
Vulpian, « tumeur mal limitée, siégeant à droite de la ligne

» médiane à la région épigastrique », et désignée, par eux,
« cancer de l'estomac. »

L'autopsie vient leur prouver qu'il n'y a pas de tumeur à l'estomac et qu'il n'existe pas de cancer.

Mais, cette tumeur existait, puisqu'elle a été reconnue par la palpation, même après la mort. Qu'a-t-elle pu devenir ?

C'est ici où le diagnostic va recevoir sa confirmation.

Il y avait une tumeur déclarée être dans l'estomac : dès l'instant qu'elle ne s'y trouve pas, elle devait donc être sous cet organe, qu'elle soulevait.

Qui pouvait la produire, si ce n'est « *la vésicule biliaire*
» *fortement distendue par l'accumulation des calculs et formant*
» *une tumeur, située à droite, à l'épigastre, et qu'a tort l'on*
» *regarde généralement comme signe certain du cancer ? »*

Les recherches s'étant arrêtées à l'estomac, les médecins et M. Vulpian ne se sont même pas occupés de rechercher la cause qui formait cette tumeur, cause qu'ils auraient trouvée en examinant la vésicule biliaire, qui est située sous l'estomac.

Ce qu'ils n'ont pas fait.

Il résulte donc des déclarations des médecins et par ce qui est établi par les auteurs, que cette tumeur, qui n'était pas produite « par le cancer ni par le pylore induré », était due à la vésicule biliaire, fortement distendue par suite de l'accumulation des calculs et qu'elle soulevait l'estomac, ainsi que les téguments, à tel point, qu'elle formait une tumeur proéminente à droite de la ligne médiane à l'épigastre, comme tous l'ont constaté pendant la vie et après la mort.

Par conséquent, je suis en droit de dire que la mort du comte de Chambord ne provient que de cette seule cause : « Amas de calculs dans la vésicule biliaire », lesquels, par leur sortie, ont occasionné — par crises, — tous les symptômes qui ont été constatés jusqu'à la dernière, qui a causé la mort.

Que le diagnostic que j'avais porté dès le 5 juillet et renouvelé le 15 août, avant la mort, s'est trouvé confirmé d'abord par l'autopsie et ensuite par la relation faite par M. Vulpian.

Telle est la vérité sur la cause de la maladie et de la mort.

TRAITEMENT

Des observations que j'ai rapportées, résulte la preuve qu'une seule médication doit être faite par les vomitifs et les purgatifs, dans le but de faciliter et de provoquer l'expulsion des calculs contenus dans la vésicule biliaire ; de débarrasser l'estomac et lui faciliter le moyen de reprendre ses fonctions, par suite de l'évacuation des matières contenues dans l'intestin, qui recevrait alors la bile rejetée par la vésicule biliaire.

Ce résultat obtenu, l'estomac conservera tous les aliments qui seront ingérés, puisqu'il pourra les éliminer par les intestins.

La voie étant libre, les vomissements ne se reproduiront plus.

Au cas où de nouveux calculs viendraient, par leur sortie, provoquer le retour des mêmes symptômes, il n'y aurait qu'à les combattre immédiatement.

Les médecins n'auront plus alors à s'ingénier à prescrire : « la » pepsine, les peptones, le vin pancréatique » et toutes ces drogues pharmaceutiques qui sont employées soi-disant pour faire digérer les aliments.

Nettoyez l'estomac par ce traitement, et non par cette invention absurde « de lavage de l'estomac ». » On lave un vase pour le nettoyer et on enlève ce qui le salit, mais par « le lavage de l'estomac », détruit-on ou peut-on faire cesser la cause qui l'empêche de remplir ses fonctions, puisqu'elle ne dépend que de la bile qui y afflue constamment ?

Tandis que par les vomitifs et purgatifs vous obtenez ce résultat ; vous nettoyez l'estomac, vous éliminez la bile qui est la seule cause de cet état, et, par son écoulement dans l'intestin, tous les effets morbides cessent, puisqu'elle ne peut y remonter pour les produire.

L'estomac ainsi débarrassé, ayant, par ses attributions naturelles, tous les éléments qui lui sont nécessaires pour ses fonctions digestives agira de lui-même.

Qu'on laisse surtout au gros intestin *sa fonction fécale*, sans

vouloir en faire un second estomac, par tous les lavements soi-
disant nutritifs que l'on emploie et qui ne font que l'irriter et le
paralyser.

RÉSUMÉ

De ce qui précède résulte, d'une part :

1° Que les médecins autrichiens et M. le professeur Vulpian
n'ont pas su reconnaître la maladie du comte de Chambord et
ont porté un diagnostic complètement faux ;

2° Que le prétendu « *cancer de l'estomac* » qu'ils ont reconnu
et porté comme diagnostic, *n'a jamais existé*, ce qui a été prouvé
par l'autopsie et confirmé par l'aveu de M. le professeur Vulpian ;

3° Que le traitement qui a été prescrit, a été fait contre une
maladie qui n'existait pas, et mieux n'avait jamais existé ;

4° Que le comte de Chombord n'est pas mort d'un cancer à
l'estomac, attendu qu'il n'en avait pas et n'en avait jamais eu.

Ce qui a été prouvé par l'autopsie ;

5° Que les médecins, même par l'autopsie, qui a consacré leur
erreur de diagnostic, n'ont pu établir, reconnaître et dire à quelle
maladie il avait succombé.

Ce qui est établi et prouvé par la déclaration que M. le pro-
fesssseur Vulpian a lue à l'Academie des sciences le 13 septembre 1883.

Mais, d'autre part, comme il est prouvé et établi que, le 5 juillet,
aussitôt la première nouvelle de la maladie du comte de Chambord
et du diagnostic porté par MM. Drasche et Mayr et confirmé par
M. le professeur Billeroth. 1° je n'ai pas hésité à écrire à M. le
comte de Monti, qui était près du comte de Chambord, pour lui
déclarer que « tous les médecins étaient dans l'erreur sur la nature
» de la maladie, et lui indiquer, non seulement la cause et le
» diagnostic, mais encore le traitement a faire, l'invitant à faire
» part aux médecins de mon opinion. »

2° Que le 15 août, apprenant l'aggravation survenue dans l'état
du malade, je n'ai pas hésité « à écrire à M. le marquis de

» Dreux-Brézé pour le déclarer de nouveau, lui citant les faits à
» l'appui de ma conviction, faits qu'il pouvait contrôler d'après
» mes indications. »

Je suis en droit de dire :

1° Que, dès le 5 juillet, ayant déclaré que les médecins étaient
dans l'erreur, et qu'il n'y avait pas de cancer de l'estomac, ni affection goutteuse de l'estomac, ni affection du foie, j'étais dans le vrai,
comme l'autopsie et la déclaration de M. Vulpian, l'ont prouvé.

2° Que les médecins n'ayant pas su trouver la cause de la maladie, ni l'indiquer, je suis autorisé à dire, qu'ayant pu déclarer
sans avoir vu le malade, m'en rapportant à mes observations rela-
tives à des cas semblables, que les médecins étaient dans l'erreur,
ce qui a été prouvé — le diagnostic que j'ai porté dès le début, —
est vrai, ainsi que la cause et que « M. le comte de Chambord est
mort des suites de calculs biliaires, existant dans la vésicule biliaire », comme j'en fournis les preuves par les opinions des
auteurs et par les observations de malades réputés atteints comme
lui de cancer de l'estomac, et qui ont guéri, preuve qu'il n'en
existait pas.

3° Que le traitement qui a été prescrit et fait, loin d'avoir été
utile à leur élimination, a été, au contraire, nuisible à leur sortie.

4° Que si le traitement que j'avais conseillé eût été fait, le
comte de Chambord eût guéri, comme les malades dont j'ai cité
l'observation.

De tout ce qui précède, résulte la preuve :

1° Pour qu'une erreur aussi grave ait été commise par des
médecins jouissant d'une grande autorité médicale en Autriche, en
Espagne et en France, il faut qu'ils aient été trompés par les
symptômes indiqués par la science et auxquels ils avaient foi,
comme Professeurs, et que cette erreur ne provient uniquement
que *de l'ignorance dans laquelle la médecine se trouve, pour la
maladie dite cancer de l'estomac.*

2° *Que cette maladie n'existe pas ou que la science médicale
n'en connaît ni les plus légers symptômes, ni les plus graves et
qu'elle est encore a les trouver et a les indiquer,* puisque les Professeurs et M. Vulpian lui-même ne les connaissent pas.

Ceci déclaré et établi, pour prouver que le diagnostic et la cause que j'ai indiqués sont vrais, ce qui est démontré par les observations citées, je prie Monsieur le professeur Vulpian, ainsi que ses collègues médecins des hôpitaux, de vouloir bien réunir dans leurs services tous les malades qui, d'après les symptômes, connus aujourd'hui, *seront censés être atteints de cancer de l'estomac,* et au lieu de les traiter, comme il est d'habitude de le faire et comme l'a été le comte de Chambord, de leur appliquer le traitement que j'indique et que j'ai employé pour des malades qui étaient déclarés, par eux-mêmes, atteints de cette maladie et qui, malgré tous les traitements faits et bien qu'arrivés à une période ultime, sont revenus à la santé et à la vie.

Le faisant, ils prouveront, par la guérison de leurs malades, que la mort du comte de Chambord aura été utile à l'humanité, en éclairant la science et les mettant à même de guérir des malades réputés incurables, lesquels, jusqu'à ce jour, succombent tous d'une maladie qu'ils n'ont pas, comme c'est prouvé et consacré par la relation de la mort du comte de Chambord, faite par M. le professeur Vulpian.

Dr RÉZARD DE WOUVES.

Nota. — Un exemplaire de ce travail sera envoyé à MM. les professeurs Drasche et Mayr, ainsi qu'à M. le professeur Vulpian, pour qu'ils en aient connaissance aussitôt sa publication.

Imprimerie de Poissy — S. Lejay et Cie.